Anonymus

Neues wohl eingerichtetes Kochbuch

aus mehr als 400 Fastenspeisen bestehend, nebst

einem Trenchier-Buch als ein Anhang des Kochbuchs

von 1500 Speisen

Anonymus

Neues wohl eingerichtetes Kochbuch

aus mehr als 400 Fastenspeisen bestehend, nebst einem Trenchier-Buch als ein Anhang des Kochbuchs von 1500 Speisen

ISBN/EAN: 9783944350097

Auflage: 1

Erscheinungsjahr: 2013

Erscheinungsort: Bremen, Deutschland

@ Kochbuch-Verlag in Access Verlag GmbH, Fahrenheitstr. 1, 28359 Bremen. Alle Rechte beim Verlag und bei den jeweiligen Lizenzgebern.

Neues
wohl eingerichtetes
Koch-Buch,
aus mehr als
400. Fasten-Speisen
bestehend,

nebst einem
Trenchier-Buch
als ein
Anhang des Koch-Buchs

von
1500. Speisen.
Dritte Auflage.

Tübingen,
bey Johann Georg Cotta.
1782.

[Von]
allerley Suppen
auf die Fasttage.

1) Kräuter-Suppe.

Nehme Sauerampfer, Kerbelkraut, Pulglopa, Morachen und neu gesäeten Salat; wenn nun dieses alles sauber geputzt und gewaschen, so schneide es nicht gar klein, und richt es in ein irdenes Geschirr mit Butter und Salz, laß es in lauter Erbisbrühe sieden, wofern aber diese mangelte, so nimm Wasser, thue eine Schnitte Brod darein, und laß es eine gute Weile sieden; wann nun alles wohl gekocht und zubereitet, so richt die Suppe also an, man kan auch Eyer=Dotter darein thun, wann man will.

2) Suppe von Krebsen.

Nimm Krebs, wasche sie wohl, und laß sie mit Wein, Salz und Pfeffer sieden, darauf puz die Schären und Schwänze sauber, richte sie in ein Geschirr mit frischem Butter und klein geschnittenen Peterling, nimm hernach die Körper-und Füsse von den Krebsen, stosse sie im Mörser mit einem Zwibel, ein paar hart gesottenen Eyern und ein wenig Brod; wann nun alles klein zerstossen, so rühre es mit guter

Erbisbrühe, so viel als vonnöthen, an, laß die Brühe sieden, und streich sie darnach durch ein Streichtuch. Die Brühe wird darauf warm aufbehalten vor dem Feuer, wohl gerühret, und sodann die Suppe angericht: Zuerst kommt das Brod in die Schüssel, und darauf die Brühe, alsdann wird wiederum Brod, und ebenfalls Brühe wie zuvor, darnach das Gehöck von einem Karpfen dazu gethan, und zuletzt die Krebsschären daran gericht; worauf sodann die Suppe warm auf die Tafel gegeben wird.

3) **Eine andere Art von Krebsen-Potage.**

Siede die Krebse im Wasser, wasche sie wohl, putze sie sauber, suche die besten heraus, mache von selbigen alle Scheeren nebst dem Schwanz, lasse die Schaalen daran, putze aber die übrige Krebse auch, und thue die Schaalen nebst dem Schwanz davon, um einen Coulis (ist ein durchgesiehener Saft) davon zurecht zu machen, lege hierauf die Krebsschwänze mit einigen Scheiben von Trüffeln, einigen kleinen Champignons und einem Stück Butter zusammen in eine Casserole, giesse ein wenig Fischbrühe dazu, binde ein wenig feine Kräuter zusammen, und wirf sie hinein, lasse es alsdann bey gelindem Feuer kochen. Wenn es nun gar ist, so mußt du, nachdem es die Jahrszeit mit sich bringt, einige Spargelspitzen und ein halb Duzend kleine Artischockenböden dazu thun, mit dem Krebs-Coulis ein wenig dick machen, hernach Semmelrinden in Fischbrühe aufschwellen, und auf den Boden der Potage-Schüssel anbacken lassen; belege sodann die Potage auf dem Rande mit zuvor abgeputzten Krebsen zierlich, darauf ein gefülltes Brod in die Mitte, die Artischocken-Böden aber nebst der Karpfen-Milch herum, schütte das Ragout und Coulis von Krebsen darüber, und gieb es warm auf den Tisch.

4) Kar-

an einem Fasttage.

4) Karpfen-Suppe.

Wann der Karpf sauber geschupt und gepuzt ist, so ziehe die Haut ab, und thue das Fleisch oder Brät davon, laß die Gräthe mit Erbisbrühe sieden, nimm ein hart gesottenes und gestossenes Ey, einen Zwibel, und ein wenig gebähtes Brod darzu, mit Salz, Muscatnuß, und ein wenig Ingwer; wann dieses alles gesotten, so streich die Suppe wohl durch, behalt sie warm vor dem Feuer, und mach eine Fülle von Karpfenbrät, und thue Peterling, Zwibel, ein wenig Semelbrosamen, auch 3. oder 4. Eyer mit Salz und Gewürz daran; schneide dieses alles klein zu einer Fülle, alsdann formire Knödel, oder etwas anders daraus, und laß kochen; wann alles wohl gekocht ist, so thue gebähtes Brod in die Schüssel, und begieß es mit der aufbehaltenen Suppe, stell die Schüssel auf die Glutpfanne, fülle sie nach und nach an, und garniers mit dem Karpfengehöck und denen Knödeln in der Schüssel herum, als worauf sie sodann aufgetragen werden kan.

5) Suppe von gefüllten Karpfen.

Wann der Karpf sauber gepuzt, so schneid ihn auf dem Rücken nach der Länge auf, und löse zuerst die Haut, darnach das Brät von den Gräden wohl ab, bereite daraus eine Fülle mit dem Karpfen-Brät oder Fleisch, mit einem Vierling oder etwas mehr Butter, und vor einen halben Kreuzer Semmel, welcher zuvor in süsse Milch oder Wasser eingeweicht, darauf wieder ausgedrukt, und mit einem von 6. oder 8. Eyern angerührt werden muß. Hiezu kommt noch ein wenig Zwibel, Petersil, 12. Capern, auch Salz, Pfeffer, Muscatnuß, Ingwer und Nägelein. Ist nun dieses alles zu einer rechten Fülle klein geschnitten, so fülle die Karpfenhaut damit an, bestreiche das Bratbecken auf dem Boden mit frischem

schem Butter, und lege den gefüllten Karpfen darein, begieße ihn fast mit einem Schoppen Wein, und eben so viel kalter Erbisbrühe, die neben dem Karpfen aufgeht. Darauf thut man Salz und Gewürz darein, und läßt es zusammen sieden. Man kann auch die Gräthe, wie oben bey der ersten Karpfen-Suppe stehet, sieden lassen, und alles, wie zuvor, zurichten; doch muß hier der gefüllte Karpfe in der Mitte der Schüssel gericht seyn, auch mit den andern übrigen Sachen garniert, und sodann auf die Tafel gegeben werden.

6) Suppe von Schleyen.

Die Schleyen müssen sauber geputzt und geschupt, hernach aufgethan, wie der Karpf gefüllt, und mit Morcheln und Schwämmen in einem Geschirr zusammen gekocht werden. Man sollte auch von den Gräthen die Brühe bekommen, wie vorgeschrieben stehet von der Karpfensuppe in dem 4ten Articul.

7) Eine gefüllte Schleyen-Potage.

Die Schleyen werden vorderist in heisses Wasser geworfen, damit die Haut davon gezogen werden kann, wenn sie nun gereiniget sind, so kannst du die Gräte auslösen, siehe aber zu, daß die Haut von dem Kopf biß am Schwanz zusammen bleibe, und aneinander halte, das Fleisch aber und die Gräten kanst du davon ablösen. Hierauf wird das Schleyen-Fleisch mit frischem Butter, dem Gelben von 3. biß 4. Eyern, so viel in Rahm eingeweichtem Semmel, als nemlich ein Ey gros ist, ein wenig Petersilien, Champignons und kleingeschnittenen Zwiebeln wohl zerhackt, alsdann im Mörsel gestossen, und mit Salz, Pfeffer, gutem Gewürz und feinen Kräutern gewürzt; wann es nun recht gestossen, so wird die Haut der Schleye mit dieser Fülle gefüllt, solche in einer Casserole mit geschmolzenem Butter gekocht,

das

an einem Fasttage.

daß sie sich darinnen gut färbt, und ein wenig braune Brühe mit einem Stück Butter gemacht, und zwar: wenn der Butter zerschmolzen, thue ein wenig Mehl dazu, rühre es beständig um, biß es braun wird, giesse so viel Brühe daran, daß die Schleye in derselben kochen kann, würze sie mit Salz, Pfeffer, einer Citronen-Scheibe und feinen Kräutern, lasse es alles zusammen bey gelindem Feuer gemächlich kochen, und mache einen Ragout darüber folgender massen: Thue kleine Champignons und Morchen mit ein wenig Butter und feinen Kräutern in eine Casserole, würze es mit Salz und Pfeffer, giesse so viel Fischbrühe, als nöthig ist, dazu, lasse es bey gelindem Feuer kochen, alsdann bleiche Karpfen-Milch in siedendem Wasser, wirf sie in ein anderes Wasser, und laß sie, nachdem sie wieder heraus gezogen, recht ablaufen. Wenn nun das Ragout von denen Champignons halb fertig ist, so wird die Karpfen-Milch mit kleinen Artischocken-Stielen dazu gethan, und gar zusammen gekocht, wohl abgefettet, und mit einem halbbraunen Coulis dicklich gemacht. Laß sodann Semmel-Rinden in Fischbrühe in der Potage-Schüssel aufkochen, lege die Schleyen recht sauber in die Mitte, ziere den Rand der Schüssel mit Karpfen-Milch und Artischocken-Stielen wohl aus, giesse das Coulis darüber, und richte die Potage warm an.

8) Suppen a la Reine, oder königliche Suppen.

Nimm sauber gepuzte Karpfen oder Hecht, und lasse sie mit frischem Wasser, Zwibel, Muscablüht, Pfeffer, Salz, vor einen halben Kreuzer Semmel, einem Stücklein frischen Butter und hart gestossenen Eyern, zusammen wohl sieden. Unterdessen wird eine Handvoll Mandeln geschält, und klein gestossen. Streich sodann die Suppen durch, und nimm den halben

Theil, den andern behalte warm, rühre die gestoſſene Mandeln darein, und laſſe ſie ein wenig ſieden. Streich dieſe Suppe hernach auch durch, und ſtelle ſie bis zum Anrichten auf warme Aſchen. Thue darnach gebähtes Brod in die Schüſſel, fülle ſie mit der erſten Brühe an, und ſtelle ſie auf die Glut, und wann nun das Brod recht geweicht iſt, ſo wird ein gekochtes Karpfen- oder Hechtengehöck, alsdann die weiſſe Mandelſuppe darüber gethan, und leztlich mit gekochten Krebsſchwänzen, Morachen und Karpfenmilch in der Runde garnirt, worauf man ſie warm auf die Tafel gibt.

9) Suppe a la Princeſſe.

Laß rohe Gräthe, oder Bein von Fiſchen, mit einem Piſchel, etlichen Eyer-Dottern, und einem Stücklein friſchen Butter, Salz und Gewürz, in ſchöner klaren Erbſenbrühe ſieden. Wenn nun alles wohl geſotten, ſo ſtreichs durch, und richt die Suppe an, wie die vorige, mit einem Fiſchgehöck darauf, und mit gekochten Schwämmen, Tartoffeln, Karpfenmilch, Ruthenleber und andern dergleichen Sachen.

10) Suppe von Spargeln.

Nimm ſo viel Spargeln, als du vonnöthen haſt, waſch und nimm die ſchlechtern davon, und ſchneide, was ſich leicht ſchneiden läßt, kurz, wie die Erbis, laß ſie ſieden, mit Peterſil, ſüſſem Butter und ein wenig Brod, mit Salz, Ingwer, Muſcatblüth, einem Zwibel und der Erbisbrühe. Wenn nun alles geſotten iſt, ſo ſtreichs durch, und behalt die Brühe warm. Die andere groſſe Spargeln werden in Waſſer abgebrühet, darnach mit Butter und der zuvor durchgetriebenen Brühe gekocht, auch zulezt mit andern etwas längern Spargeln in der Schüſſel herum garniert.

11) Eine andere Spargel-Suppe.

Nimm einen Karpfen, mach ein Gehöck daraus, und

an einem Fasttäge.

und lasse es mit frischem Butter, Salz und Gewürz auf der Glut kochen, sodann richt gebähtes Brod, wie zuvor mit der Spargelbrühe, und das Gehöck darauf, und ziers hernach mit andern Spargeln, biß die Schüssel voll ist.

12) Suppe von gefüllten Catücken.

Nimm schönen Kopf-Salat, so viel du vonnöthen hast, brühe ihn ab in Wasser, laß solchen nur einmal aufwallen, und sodann gleich wieder in frisch Wasser legen; mach darnach eine Fülle von frischen Eyern, und allerley guten Kräutern, fülle den abgebrühten Salat an, und richts in ein irdenes, oder anderes Geschirr mit frischem Butter, darauf laß es fein gemach auf der Glut kochen, alsdenn richt das Brät in die Schüssel, und begieß es mit guter Brühe auf der Glut. Den gefüllten Salat theile voneinander, und richts fein schön auf die Schüssel, daß man die Fülle sehen kan auf der Höhe, und garniers zwischen den Salat mit kleinen jungen Spargeln, mit Krebsschwänzen und Karpfenmilch, auch einem Karpfenkopf in der Mitten.

13) Suppe von Kürbis.

Nimm ein oder mehr Kürbis, schäle sie, und schneide, was gut, zu kleinen Stücklein oder Würfeln, und laß es absieden, seihe es darnach wieder ab, thue es in ein Geschirr, und lasse es mit einem Zwibel mit Nägelen besteckt, frischem Butter, Salz, Pfeffer und guter Erbisbrühe sieden. Zuletzt kan man noch 3. oder 4. Eyer darein rühren, und sie darauf, wie andere Suppen, anrichten.

14) Suppe von Kürbis mit Milch.

Diese Suppe wird gemacht, wie die vorige, ausgenommen, daß man Milch anstatt der Erbisbrühe dazu nimmt.

15) Suppe

15) Suppe mit Milch und Eyerdotter.

Laß sie bey einer Maas Milch sieden, und thue ein wenig Salz und ein Stücklein Butter darein. Ist es Zeit zum Anrichten, so kan man noch vorher 6. oder mehr Eyerdotter daran rühren, und richtets darauf an mit Biscot gewürfelt groß geschnitten, oder Zuckerbrod an statt des andern.

16) Suppe von Erbis.

Nimm sauber geklaubte, und wohl gewaschene Erbis in ein nicht gar zu grosses Geschirr, thue Capern, junge Zwibel, Petersil, Salz, Pfeffer und Muscatenblüth dazu, und laß mit frischem Wasser sieden, daß mans darnach durchtreiben kan; nehme die durchtriebene Suppe, thue ein Stücklein Butter darein, und behalts bey dem Feuer. Soll die Suppe grün werden, so muß man sie mit Mangoldblättern grün machen, und darnach anrichten.

17) Suppe von gefüllten Cucumern.

Nimm die grosse Cucumern, schäle, und höhle sie aus, brühe sie wie die Catücken oder Salat, fülls hernach an, und kochs in allem wie den gefüllten Salat, darauf kan man sie, wie eine andere Suppe, anrichten.

18) Suppe mit Pore oder Lauch.

Nimm Pore, putz ihn von der Wurzel und grünen Blättern, und schneids zu kleinen Stücklein, den mehrern Theil, das übrige aber laß bey 2. Zwerch finger lang zusammenbinden, und dieses alles klein und groß in einem Geschirr mit guter Erbisbrühe, einem Stücklein frischen Butter und Gewürz, was dazu vonnöthen ist, sieden. Wenn alles recht gekocht, so kan mans anrichten, und mit dem längern Pore um die Schüssel herum garniren.

19) Suppe von Mandeln mit Milch.

Nimm einen Vierling Mandeln, lasse dieselbe
schälen,

schälen und klein stoßen, rühre sie darnach mit frischem Waßer und ein wenig Salz, an, darauf laß sie sieden, daß bey einer halben Maas darinnen bleibt. Wann mans durchtreibt, so nimmt man die durchtriebene Suppe, und thut Zucker, so viel als vonnöthen, darein, läßt sie noch ein wenig sieden, und richtets mit Zuckerbrod oder einem andern an.

20) Suppe von Macronen.

Die Macronen-Suppe wird gemacht, mit welschen Macronen oder Nudeln, die man mit Waßer und Salz sieden läßt, und richts darnach an, mit geriebenen Parmesan-Käß und Pfeffer, und schmälzts darnach wie eine Waßer-Suppe.

21) Suppe von Linsen.

Die Linsensuppe wird in allem zubereitet, wie Erbis- und andere Suppen mehr. Es giebt noch viele andere Sachen, wovon man Suppen zurichten kann, welche wir alle gegenwärtig zu benennen vor unnöthig achten.

Von
allerley Arten, Fische zuzurichten.

22) Blau gesottene Lax-Ferchen.

Die Lax-Ferchen müssen aufgemacht, und das Eingeweid weggethan, die Leber und Magen aber sauber gepuzt und mit gutem Weineßig gesotten werden. Wann die Lax-Ferchen groß seyn, so muß man 3. Theil Eßig, und einen Theil Waßer nehmen, und nach Nothdurft salzen, den Fisch aber vorher in eine Pfanne in Eßig legen, ehe man das Waßer darein thut, dann der Fisch wird viel schöner und blauer. Hernach läßt man sie fein gemach sieden, und eine gute Weile in der Brühe stehen, damit sie geschmakter werden. Willt du sie anrichten, so heb den Fisch schön ganz in die Schüssel, und ziere ihn noch mit Petersil. NB. Man soll, ehe man den Fisch in die Pfanne thut, drey Schnitt auf den Rucken thun, damit die Fische halb rund werden.

23) Blau gesottene Ferchen.

Wann die Ferchen aufgemacht sind, so kann man frische Fischbrühe machen, wie zuvor bey den Laxferchen, oder zur vorigen Brühe ein wenig frischen Eßig nehmen, und die Ferchen darinnen sieden lassen. Darauf läßt sichs anrichten, wie vorgesagt von den Laxferchen.

24) Blau gesottene Sälbling.

Man muß die Sälbling aufmachen, wie die Laxferchen, und auf dem Rucken 2. oder 3mal darein schneiden, bis auf den Grad. Darauf macht man eine Fischbrühe mit Eßig, Wasser und Salz, doch nicht gar so scharf, als zu den Laxferchen, darüber, und läßt sie sieden, da man sie, gleich der vorigen, anrichten kann.

25) Blau gesottene Karpfen.

Die Karpfen müssen aufgemacht, voneinander getheilt, und aus jedem Theil 2. oder 3. Stücklein gemacht, darnach in einer Fischbrühe gemach gesotten, auf ein Fischgäder angericht, und mit Petersil garnirt werden.

26) Blau gesottene Huechen.

Wann die Huechen aufgemacht seyn, und auf dem Rucken darein geschnitten, so läßt mans in der Fischbrühe wie die Laxferchen, blau sieden, oder man richtet eine Sardellenbrühe mit gekochten Morachen, Krebsen und Zwibeln darüber an.

27) Gesottene Kressen.

Die Kressen werden geschuppt, und das Eingeweid heraus gethan; alsdann macht man Eßig und in wenig Wasser, so gesalzen, in einer Pfanne siedend, thut die Fische hinein, daß sie darinnen sieden; indessen wird Schmalz in einem Pfännlein heiß gemacht, lege die Fische, wann sie genug gesotten, in eine Schüssel, gieße den Eßig, darinnen sie gesotten, darüber, wirf ein wenig Kümmel in das heisse Schmalz, brenne es geschwind über die Kressen, und trage sie zu Tisch.

28) Blau gesottene Wäller.

Die Wäller müssen auch aufgemacht, und das Vordertheil voneinander getheilt werden; das hintere aber wird rund geschnitten, oder in der Länge gelassen, nachdem der Waller groß ist. Uebrigens läßt mans wie die Huechen, sieden, und macht eine rothe Sardellen-Brühe mit Butter, Capern, Schwämmen, und mit ihren Lebern und Mägen darüber.

29) Blau gesottene Ruethen (Dreischen).

Die Ruethen müssen aufgemacht, die Leber und Milch aber aufgehebt, und erst über eine Weil mitgesotten werden; doch werden die Ruethen besser, wann man sie in Wein, mit einem guten Stücklein frischen Butter, ein wenig Rosmarin, Muscatnuß, Pfeffer, Salz, einem Lorbeerblatt, und ein wenig Erbisbrühe oder Wasser, sieden läßt, doch so, daß es nicht über die Ruethen geht. Wenn nun obiges zusammen halb gesotten, so schütte die Milch sammt der Leber und Rogen darein, daß mit denen Ruethen vollends gar siedet. Thue ein wenig Semmel-Brosamen darzu, daß die Brühe nicht gar leer ist, da es dann auf diese Art mit der Brühe angerichtet werden kann.

30) Blau gesottene Schleyen.

Diese werden allerdings wie die Karpfen gesotten.

NB.

Allerley Arten Fische

NB. Auf gleiche Art können vielerley Gattungen von Fischen tractirt werden, als Karpfen, Hechten, Aeschen Schleyen u. s. w. Nur ist hiebey dieses zu bemerken, daß die vorhin genannte geschupt seyn müssen, welches aber bey denen Ferchen, Wällern, Laxferchen, Sälblingen und andern Fischen mehr nicht nöthig ist.

31) Gefüllte Karpfen.

Nimm einen guten Karpfen, diesem, wenn er sauber geschubt, schneide die Haut auf dem Rücken auf, welche sodann abgehoben, und das Brät von dem Grad abgelößt wird. Ferner nimmt man vor 1. oder ½. Kr. in Wasser oder Milch eingeweichten Semmel dazu; doch muß, ehe dieses zu dem Karpfen-Gebrät gelegt wird, Wasser oder Milch vorher ausgepreßt werden. Darauf macht man ein Eingerührts mit 6. oder 8. Eyern, thut 10. oder 12. Capern, zwo Sardellen, Salz und Gewürz dazu, schneidet dieses alles klein zu einer Fülle, und füllt sodann die Karpfenhaut, gleich als wenn er ganz wäre, damit an. Hernach thut man ein wenig Butter in eine tief kupferne Molter auf den Boden, legt den gefüllten Karpfen samt dem Rogen darein, und nimmt darnach 20. oder mehr Krebse; diese werden geputzt die Schalen davon aufbehalten, und mit der übrigen Fülle von den Karpfen angefüllt. Darauf legt man sie in die Molter, stoßt die übrigen kleine Schwänze und Füß von den Krebsen, und macht eine rothe Brühe daraus, welche durchgetrieben seyn muß. Leztlich thut man diese Brühe in die Molter zu dem Karpfen, und nimmt einen Schoppen Wein darzu, samt einer Handvoll Capern, und machts an mit Salz und anderm Gewürz, und läßts sieden. Schwämme, Tartoffeln und Morachen sind auch gut dazu.

an einem Fasttage zuzurichten. 13
32) Gefüllte Hechte.

Die gefüllte Hechte werden auch geschupt, auf dem Bauch oder Rucken aufgethan, und die Haut abgelößt, auch das Brät also zugericht, wie zu denen gefüllten Karpfen. Diejenige Fische, die sich füllen lassen, müssen also zugericht werden. Auf diese Art können auch andere Fische tractiert werden, als Ferchen, Sälblinge, Huechen, Hechte, Pingling, Wäller, und andere mehr.

33) Eingemachte Karpfen.

Nimm einen guten Karpfen; wenn diser geschupt und aufgemacht ist, so mache Stücklein daraus, und legs mit etwas Butter in ein irrden Geschirr, schneide etliche Zwibel in die Runde oder Blätterweiß, nimm dazu Salz, Pfeffer und Muscatnuß, und laß es also eindämpfen. Wenn alles halb gesotten, so kan man noch ein wenig Semmel=Brosamen, samt etwas von Wein dazu nehmen, und es also bis zum Anrichten sieden lassen.

34) Eingemachte Ruethen.

Die Ruethen müssen aufgemacht, die Gall und Därme weggethan, der Roge, Milch und Leber wohl aufgehoben, und die Ruethen gesalzen werden, daß der Schleim davon komme. Hierauf werden sie wieder abgewaschen, und auf gleiche Art, wie von den Karpfen gemeldt wird, angericht. Nur ist dieses noch hiebey zu bemerken, daß man sie mit ein wenig Brühe, und nicht in Wasser absieden läßt.

35) Eine andere Art Karpfen einzumachen.

Nimm einen Karpfen, und schneide ihn nach Belieben in Stücklein; darauf thue etwas Salz und Gewürz darein, wie auch einen geschälten Zwibel, 8. oder 10. Capern, und ein paar gepuzte Sardellen; dieses alles schneide ganz klein, und nehme noch dazu 2. Lorbeerblätter, ein wenig geschnittenen oder gestossenen Rosmarin und 2. Lemonienschnitzlen, samt einem Schoppen Wein, und so viel Erbsenbrühe, daß der Karpf nicht gar bedeckt wird. Wenn er auf diese Art gesotten ist, so nimm noch ein wenig Butter und Semmel-Brosamen, und leg ihn in die Brüh, sie etwas dick werde.

36) Hechte und Schleyen einzumachen.

Die Hechte und Schleyen müssen auch sauber gepuzt, geschupt und aufgemacht, doch nicht voneinander getheilt, sondern rund geschnitten werden, damit sie im Sieden nicht voneinander fallen. Jm übrigen kan man sie durchgängig auf gleiche Art, wie die zween obige Karpfen, tractieren.

37) Eine Fricassee von Hechten.

Nimm 2. oder 3. kleine Hechte; wenn dise sauber geschupt, und das Eingeweide heraus gethan ist, wascht man sie in frischem Wasser, und schneidts zu runden Stücklein einen starken Finger dick. Darauf läßt man ein Stück Butter in einer eisernen Pfannen zergehen, legt die Hechte darein, und röst auf dem Feuer mit einem halb geschnittenen Zwibel und Petersil, wozu noch Salz und Gewürz, ein wenig Wasser oder Erbs-Brühe, und etwas von Limonien-Saft kommt. Vor dem Anrichten nimmt man noch 3. Eyerdotter, rührt dieselbe mit ein wenig Limonien-Saft, und mit der Hechten-Brühe an, und gießts darnach zusammen in die Pfanne. Wenn alles wohl gesotten, läßt sichs ohne Anstand anrichten.

38) Eine Fricassee von Schleyen.

Die Schleyen können zu einer Fricassee zugericht werden, wie die Hechte. Jm übrigen ist bekannt, daß allerley Fische müssen gesotten, gebacken oder gebraten seyn, deßwegen ich hier alles eines jeden Gut-

an einem Fasttage zuzurichten.

39) Eingemachte Huechen.

Die Huechen können eingemacht werden wie vorgeschrieben steht bey den Ruethen.

40) Eingemachte Ferchen.

Die Ferchen werden eingemacht, wie die Ruethen, ausgenommen, daß der Roge nicht darzu kommt.

41) Eingemachte Sälbling.

Die Sälbling werden durchgängig auf gleiche Art, wie die Ferchen und Ruethen, eingemacht.

42) Gekochte Schleyen mit Knoblauch und Baumöl.

Wann die Schleyen aufgemacht seyn, so muß man sie in siedheisses Wasser tauchen, und die Schuppen sauber wegpuzen, daß sie schön weiß werden; Alsdann röstet man sie in schön gelbem Baumöl, nimmt sauber gepuzten Knoblauch und Petersil, und schneidts klein untereinander, nimmt darnach 3. oder 4. gepuzte Sardellen, und legt alles in eine Molter oder Schüssel mit gutem frischem Butter, Baumöl, Salz, Pfeffer, Muscatnuß, wozu noch der Saft von einer ganzen Lemonie, oder etwas mehr, und ein wenig Erbis-Brühe kommt. Die Schleyen läßt man eine Weil darinn sieden, und kehrts zu Zeiten um, daß sie zu beeden Seiten gekocht werden. Es soll nicht mehr Brühe darbey seyn, als vonnöthen ist, und auf diese Art angericht, kan man sie warm auf die Tafel geben.

43) Gekochte Ferchen in Baumöl.

Wann die Ferchen blau gesotten seyn, so richte dieselbige in eine Schüssel, mit der hernach beschriebenen Sardellen-Brühe und Baumöl, worauf selbige warm oder kalt auf die Tafel gegeben werden können.

44) Andere gekochte Ferchen in Baumöl.

Die Ferchen werden aufgemacht wie sonst, aber auf dem Rucken nicht aufgeschnitten, sondern man macht auf der Seiten 3. oder 4. Schnitte, saltzt sie ein, und läßts hernach auf einem Rost braten. Man legt sie in eine Schüssel mit Baumöl und Lemonien-Saft samt einem Sardeln, Krebsen, Schermiffeln, Hechten-Lebern, Gewürz und ein wenig Erbis-Brühe, und läßt es zusammen eine Weile sieden, und gibts warm auf die Tafel.

45) Art, den Laxen zu kochen.

Der Lax muß wohl gewässert seyn, hernach in Wasser gesotten, und mit guter Butter-Brühe auf die Tafel gegeben werden. Die Brühe kan man also zurichten. Man nimmt ein gutes Stücklein frischen Butter, und ein wenig weisses Mehl, zwey junge grüne Zwibel, mit Petersil klein geschnitten, etwas Salz und Gewürz 2. oder 3. Lemonien-Schnizlein und ein wenig Erbisbrühe. Man läßt es zusammen sieden, doch muß die Brühe unter dem Sieden gerührt werden. Hierauf, wenn der Lax kein Wasser mehr hat, wird die Butterbrühe darüber angericht. Diese Brühe kan zu vielen Sachen und Fleisch gebraucht werden.

46) Art, die Rhein-Salmen zu kochen.

Die Rhein-Salmen können in allen Sachen gekocht werden wie der Lax. Man kann auch die Rhein-Salmen mit Oel, Eßig und Pfeffer kalt zurichten.

47) Kleine auf Papier gekochte Ferchen.

Wann die kleine Ferchen aufgemacht seyn, so soll mans zu beeden Seiten ringsen und einsalzen, hernach abtrucknen, in Baumöl rösten, und kalt werden lassen. Man schneidt gepuzten Knoblauch und Petersil ganz klein, aber nicht wenig, und röstet einen Theil mit den Ferchen. Alsdann richt man einen Bogen Papier, der auf den vier Seiten einen guten Daumen hoch ist, und lässet den Boden so weit, als man vermeint, daß die Ferchen genug haben. Man

an einem Fasttage zuzurichten. 17

thut Baumöl in das Papier, und läßt es vor dem Feuer warm werden, damit das Papier trucken wird, und das Oel halte. Hierauf kann man die Ferchen darein richten, und den geschnittenen Knoblauch und Petersil, wie auch einen Sarden darzwischen legen. Zulezt, wenn man noch Baumöl dazu gethan, legt man sie auf einen Rost, bis das Baumöl über der Glut siedt oder kocht. Diesem aber zu helfen, soll man einen heissen Hafen-Deckel darüber heben, und darnach Lemoniensaft darauf trucken, auf welche Art man es warm auf den Tisch geben kann.

48) Geselchte Lax-Felchen zu kochen.

Die geselchte Lax-Felchen müssen in Wasser mit einem Pischel gesotten, und hernach mit der Butterbrühe, wie bey dem Lax vorgeschrieben stehet, angericht werden.

49) Geselchte Rencken zu kochen.

Wann die geselchte Renken gesotten seyn, so macht man eine Brühe mit gebrenntem Mehl und Butter, klein geschnittenen Lemonien-Schaalen, Salz, Pfeffer, Muscatblüth und ein wenig Erbisbrühe. Man läßt alles zusammen eine Weile sieden, und wenn die Brühe über den Renken gegossen, kan man ohne Anstand anrichten.

Von
allerley gebackenen Fischen.

50) Felchen zu backen.

Die Felchen zum backen müssen aufgemacht und geringelt, hernach eingesalzen, und wann das Salz

b abgetrük

abgetrücknet, gemelbiget, und in heissem Schmalz oder Baumöl gebacken werden.

51) Renken zu backen.

Die Renken sollen geschupt, aufgemacht und aufgeschnitten, auch in allen Sachen zugericht werden, wie die Felchen.

52) Ruethen zu backen.

Wann die Ruethen aufgemacht seyn, so thut man Milch und Rogen auf die Seiten, dann sie müssen nicht gar stark gesalzen seyn. Im übrigen werden die Ruethen gebacken, wie die Felchen, und die gebackene Leber mit Milch darzu gelegt.

53) Hechte zu backen.

Die Hechte müssen zu allererst sauber geschupt und aufgemacht werden. Seyn sie groß, so theile man sie voneinander in Stücklein, sind sie aber klein, so läßt man sie ganz, und salzt sie hernach ein, wie die Felchen.

54) Karpfen zu backen.

Die grosse Karpfen müssen geschupt, auf dem Rucken aufgethan, und zu Stücklein geschnitten werden; wenn sie aber klein sind, so müssen sie ganz gebacken werden.

55) Die Schleyen zu backen.

Die Schleyen werden auch geschupt, auf dem Rucken aufgemacht und eingesalzen, und hernach zugericht, wie die andere Fische.

56) Neun Augen zu backen.

Man salzt die Neun Augen, und schneidt ihnen den Spiz vom Maul. Darauf backt man sie im Schmalz oder Baumöl, und gibts warm auf die Tafel.

57) Zinglen zu backen.

Diese müssen aufgemacht und gebacken werden, wie die andere Fische. Es sind auch die Grundeln, Säuglen und Koppen zu backen.

Von

Von

allerley gebratenen Fischen.

58) Aeschen zu braten.

Die Aeschen werden aufgemacht, und die Gall sammt den Därmen herausgenommen; das übrige bleibt ganz darinnen, hernach salzt man sie ein, und bratet sie auf einem Rost.

59) Felchen zu braten.

Die Felchen werden aufgemacht, und zu beeden Seiten geringelt, eingesalzt, gebraten, und sodann warm oder kalt auf die Tafel gegeben.

60) Aalfische zu braten.

Man muß den Aalfischen die Haut abziehen, hernach ringeln, sie einsalzen, und zu kleinen Stücklein schneiden, daß man sie an einem Bratspieß anstecken und hernach braten kan. Sonst bratet man sie auch auf einem Rost, Stücklensweis oder ganz, und gibts warm mit Lemonien und Pfeffer auf die Tafel.

61.) Hechte zu braten.

Wann der Hecht nicht groß ist, so wird er geschupt, aufgemacht, und der Ruckgrad davon gethan. Man salzt ihn ein, tunkt solchen hernach in Butter, und besäet ihn wohl mit Semmelbrösamlein. Alsdann wird er auf einem Rost gebraten, und warm angericht mit Sardellenbrühe oder mit Eßig, Pfeffer und Salz, und einem klein geschnittenen darein gerührten Zwibel.

62) Karpfen zu braten.

Man muß die Karpfengall heraus nehmen, und ihn hernach ein wenig von einander theilen, damit, wann der Karpf gebraten ist, man ihn auf dem Rucken leichter aufthun kan.

63) Brachsen

Allerley gebratene Fische

63) Brachsen zu braten.

Diese werden auch vorher aufgemacht, daß man die Gall heraus nehmen und einsalzen kan. Hernach werden sie auf einem Rost gebraten, und kalt auf die Tafel geben.

64) Waller zu braten.

Wann die Waller aufgethan seyn, so kann man sie 2. Spannen lang mit dem Kopf von einander theilen, daß 2. Stück nach der Länge werden. Das mittlere soll zu runden Stücken nach der Quer geschnitten, das hintere aber zu 1. oder 2. Stück also gelassen werden. Es wird alles eingesalzen, hernach auf einem Rost gebraten, und eine gute Capernbrühe darüber gemacht.

Was ich von dem Waller wegen der Abtheilung melde, ist von einem grossen zu verstehen; dann die kleinen können nicht in so viel Theile abgetheilt werden. Doch sollen die Wäller sowol zum sieden als braten, wenn sie anderst ein wenig groß sind, allzeit also abgetheilt seyn.

65) Huechen zu braten.

Wann die Huechen aufgemacht seyn, so werden sie geringelt und ganz gebraten. Sonsten wird der Kopf Stückweis abgetheilt, und aus dem übrigen runde Stücklein gemacht, wie von dem Waller vorgesagt ist. Hernach werden sie auf dem Rost gebraten, und mit Brühe warm, oder kalt ohne Brühe angerichtet.

66) Renckhen zu braten.

Wann die Renckhen aufgemacht seyn, so thut man etliche Cramerbeer darein. Hierauf werden sie gesalzt, hernach gebraten, und warm, oder kalt ohne Brühe auf die Tafel gegeben.

67) Ruethen zu braten.

Wann die Ruethen aufgemacht seyn, so thut man allererst

allererst die Leber, Milch und Rogen heraus. Darauf werden sie gesalzt, von ihrem Schleim getruknet, und kleine Stüklein 3. Finger lang, daraus gemacht. Diese stekt man an einen kleinen Spieß, begiesset solche wohl mit Butter und besäet sie mit Semmel-Brosamen. Zulezt werden sie auf einem Rost gebraten, und also, wenn die Leber, Milch und Rogen mit Butter, Lemonien, Morachen und gutem Gewürz wohl gekocht ist, warm auf die Tafel gegeben. Man kan andere Fische auch braten, die hier nicht benennet werden.

68) Den Laperdong zu kochen.

Wann dieser wohl gewässert ist, so muß man ihn mit kaltem Wasser auffstellen und gemach sieden, hernach zudecken und in der Brühe eine Weile stehen lassen. Man nimmt alsdann ein gutes Stücklein frischen Butter, einen klein geschnittenen Zwibel mit Petersil, ein wenig weisses Mehl, Salz, Pfeffer und Muscatnuß, wie auch vier Eß-Löffel voll süsse Milch. Den gesottenen Laperdong legt man darzu, und läßt ihn auf der Glutpfanne sieden; die Brühe aber muß zu Zeiten umgerührt werden. Man kan auch anstatt der Milch Erbisbrühe nehmen.

Gleichfalls ist anstatt des Butters gutes Baumöl zu gebrauchen, auch für den Zwibel Knoblauch mit gepuztem Petersil, und anstatt des weissen Meels Semmelbrosamen. Ehe man anrichten will, kan man noch etwas von Lemoniensaft dazu thun.

69) Stockfische zu kochen.

Wann der Stockfisch wohl gewässert ist, so muß man ihn mit trukem Wasser und Salz auffstellen und sieden lassen. Hernach kann der Stockfisch auf die 3. vorgemeldte Arten gekocht, oder wie sonst insgemein mit Milch oder Schmalz, oder auf folgende Weise gefüllt werden. Nimm von dem gesottenen Stock-

Stockfisch so viel als du vonnöthen hast; wann er wohl abgesiegen ist, laß vor ¼. Kr. Semmel in der Milch weichnen, preß die Milch heraus, leg das Brod darein, mache ein Eingerührts mit 6. oder 8. Eyern, und thue noch Zwibel und Petersil mit Salz und Gewürz darzu. Dieses alles schneide ganz klein, daß es zu einer rechten Fülle wird; mit dieser kann man die Stockfische füllen, und hernach wie einen gefüllten Karpfen vollends kochen lassen.

70) Die Hausen zu kochen.

Man schneidet den Hausen zu Stücklein, und läßt ihn mit Wein, Wasser und Salz, Muscatblüth, Pfeffer und Lorbeer sieden. Hernach wird er mit Butterbrühe und Baumöl angericht.

71) Eine andere Art.

Wann du schöne Stücklein von Hausen hast, so salz und brate sie auf dem Rost, mache eine gute Zwibelbrühe mit Sardellen und Capern darüber, und gibs warm auf den Tisch.

Der Hausen ist auch gut in einer Pastete, welche bey anderthalb Stunden backen muß.

72) Gekochter Stiel.

Dieser kann in Wein oder Wasser gesotten, hernach mit Rosmarin, Salz und anderem Gewürz, wie die Hausen gekocht und gebraten werden, wie oben steht.

73) Den Castor oder Biber zu kochen.

Man kann den frischen Biber sieden, braten, oder in eine Pastete richten, wie ein Reh, und von gesottenen Suppen mit Zwibel, oder von andern Sachen eine Brühe darüber machen. Wann der Biber geseicht ist, so wird er wie anderes Fleisch gesotten.

74) Biberschweif mit den Füssen zu kochen.

Man legt den Biberschweif auf einen Rost, und
stellt

an einem Fasttage zuzurichten.

stellt ihn auf die Glut, damit man die Schuppen abschälen kann. Die Füsse muß man in heissem Wasser abbrühen und putzen, wie kälberne Füsse, und den Schweif in Wasser und Salz sieden, wann sie genug gesotten seyn, so rührt man sie in Butter um, und besäet sie mit Semmelbrosamen; darauf stellt mans noch eine Weile auf den Rost, und gibts warm auf den Tisch.

75) Schildkroten zu kochen.

Man schneidt den Kopf und die Spiz der Tappen von den Schildkroten, und läßt sie hernach in Wasser sieden, bis man sie schälen kann. Darauf thut man die Schälen weg, und schält die vier Biegel, puzt den Magen, Leber und Eyer, thut die Gall davon, und kochts mit Butter, Gewürz, Salz und klein geschnittenen Petersil und Zwibel, mit etwas Lemoniensaft und ein wenig Erbisbrühe; wenn alles wohl gesotten, richtet man sie mit Eyerdotter an.

Man backt auch die Schildkroten, wenn sie also gepuzt sind; oder man läßt Baumöl heiß werden, und thut klein geschnittenen Petersil und Knoblauch, und darnach die Schildkroten darein, sammt ein wenig Erbisbrühe mit Salz und Gewürz. Hat dieses daran eine Weile gesotten, richtets man mit Lemoniensaft an.

76) Schnecken zu kochen.

Wann die Schnecken sauber gepuzt, wohl gesotten, abgetrücknet und abgeschleimt seyn, so kommt Salz, Pfeffer und Muscatnuß daran. Hierauf richtet man sie mit frischem Butter in ihre sauber gepuzte Häuslein, kocht sie auf einem Rost, daß sie sieden, und gibts hernach mit frischen Lemonien warm auf den Tisch.

77) Eine andere Art.

Weil die Schnecken hart, so soll man sie wohl sieden,

sieden, und ein Gehöck daraus machen. Man nimmt einen grünen Zwibel, Petersil, Knoblauch, ein wenig Rosmarin, Salz, Pfeffer und Muscatblüth, schneidt dieses alles mit den Schnecken ganz klein zu einem Gehöck, läßt Baumöl in einem Geschirr heiß werden, thut die Schnecken darein, und röstets auf der Glut; alsdann kann man das Gehäck in die Häuslein einfüllen, und auf einem Rost verfertigen, wie die ersten. Wer von Oel nicht essen kann, der muß anstatt dessen Butter nehmen. Die Lemonien sind dabey nicht zu vergessen. Dieses Gehöck wird auch mit ein wenig Erbisbrühe vollends gar gekocht, und also mit Lemoniensaft angericht. Die Schnecken werden auch gebacken in Schmalz oder Oel.

78) Die Frösche zu kochen.

Wann die Frösche geputzt seyn, so salzt man sie ein, und backts hernach im Schmalz oder gutem Baumöl. Die Füsse werden sonst bis zu den Bieglen weggeschnitten, die Beinlein von einem Schlegel mit dem Finger abgebrochen, und das Fleisch von dem andern darüber geschoben; alsdenn gibt man sie eingesalzen und gebacken warm auf den Tisch.

79) Die Frösche zu backen.

Wenn du denen Fröschen das hintere Theil abgeschnitten, die Haut abgezogen, und solche nebst denen vorderen Vierteln weggeworfen hast, so wasche und salze sie ein; alsdann mache einen Taig von Eyern, Milch und Mehl an, kehre sie darinnen um, und backe sie aus heissem Butter oder Schmalz.

Die Frösche werden auch eingemacht. Man legt sie in heisses Wasser, und deckts eine kleine Weile zu, ohne sie sieden zu lassen. Wenn sie wieder abgesiegen, nimmt man ein Stücklein frischen Butter, Petersil und Zwibel klein geschnitten, Salz und Gewürz nach Belieben, läßt die Frösche darinnen kochen mit ein wenig

an einem Fasttage zuzurichten. 25

wenig Erbisbrühe und Lemoniensaft und richts mit 1. oder 2. Eyerdottern abgerührt an.

Die Frösche können auch mit Baumöl eingemacht werden. Man nimmt statt der Zwibel Knoblauch, legt die Frösche sammt allem in heisses Oel, und läßt sie mit ein wenig Erbisbrühe sieden; der Eyerdotter bleibt hier weg.

80) Wie man an einem Fasttag Würst machen kann.

Nimm das Fleisch von einem dreypfündigen Karpfen, desgleichen von einem Ahlfisch. Sind die Kräte weg, so thue gepuzten Magaran und Petersil, einen in Baumöl gerösten Zwibel, gestossenen Pfeffer, eine geriebene Muscatnuß und Salz darunter. Dieses alles schneide ganz klein, und wenn vorher eine Handvoll weisses Mehl darein gerühret ist, so formir hernach von diesem Gehöck die Würst. Darauf stelle eine Pfanne mit frischem Wasser auf das Feuer, und wenn die Würste eine halbe Viertelstund darinn gesotten, so brate sie auf einem Rost wie die andere, und gibs warm auf den Tisch.

Man kann auch die Karpfen=Milch zu kleinen Würsten schneiden, und unter das Gehöck mischen.

Von

allerley Brühen an einem Fasttag.

81) Sardeln-Brühe mit Butter.

Nimm 2. oder 3. gepuzte Sardeln, schneide etliche Capern klein, und nimm einen halben Vierling Butter, etwas von weissem Mehl, Salz, Gewürz, ein wenig Wein, 2. oder 3. Lemonienschnitz, und was weniges von Erbisbrühe. Dieses alles laß zusamsammen sieden, doch muß es allweg gerührt seyn. Man kan Schwamen- oder Hechten-Leber, auch ganze Capern damit sieden.

82) Rothe Sardeln-Brühe mit Butter.

Mache eine Brühe nach vorgeschriebener Art, und an statt der Erbisbrühe nimm rothe Krebsbrühe dazu. Diese zwey Sardelnbrühen schicken sich gar wohl zu gesottenen Hechten, zu blau gesottenen Huechen, Ferchlen, und andern Fischen mehr.

83) Eine andere Sardeln-Brühe mit Oel.

Man nimmt 2. oder 3. gepuzte Sardeln, und schneidt dieselbe mit Knoblauch und schön grünen Petersil recht klein, darauf werden sie mit gutem Baumöl begossen, und etwas von Pfeffer, Muscatnuß, auch gar wenig von Erbisbrühe dazu gethan. Man rührt sie auf der Glut, daß die Sardeln zergehen, und truckt zulezt ein wenig Lemoniensaft darein. Diese Brühe ist gut zu gesottenen und gebackenen Fischen, sondern zu den kleinen Ferchen.

84) Eine andere Brühe mit Butter.

Diese Brühe ist gut und tauglich zu dem Stockfisch, zu Laperdon, zu Aeschen und Pirstling, Renken, und andern Fischen mehr, welche im Wasser mit Salz und Petersil gesotten seyn. Sie wird auf folgende Art gemacht: Man nimmt einen Vierling frischen Butter, und thut ein wenig weisses Mehl, einen geschnittenen Zwibel mit etwas Salz und Muscatnuß, auch 4. oder 5. Löffel voll süsse Milch dazu. Wann der Stockfisch recht gesotten, so wird er abgesiegen, und in die Schüssel zu dem Butter gelegt, wo man ihn auf einer Glutpfanne sieden läßt, und zu Zeiten ein wenig umrühret.

Auf gleiche Art soll man andere obgemeldte Fische ebenfalls tractieren.

an einem Fasttage zuzurichten.

85) Wie man die Fisch-Pasteten machen soll.

Es ist zu wissen, daß einige Arten von Fischen ganz in eine Pastete eingeschlagen werden müssen, als ein schöner Felche, ein schöner Karpf und dergleichen, welche billig ganz bleiben; andere Fische aber können zu Stücklein geschnitten, in Wasser und Salz abgebrüht oder gesotten werden.

86) Felchen-Pastete.

Nimm 2. gleiche Felchen, wasche sie sauber, schneid sie auf an dem Rucken, und thue das benöthigte von Salz und Gewürz daran. Hernach schneid 4. gepuzte Sardellen und 20. Capern, mische sie wohl unter ein halb oder ¾. Pfund Butter; alsdann mach 2. Blatt von gutem mürben Taig, richt ein wenig Butter darauf, und die 2. Felchen darüber, den Bauch gegeneinander, daß sie ein wenig gebogen seyn, damit die Pastete ablang werde. Den übrigen Butter thue inzwischen in die Runde, bestreich die Pastete um und um wohl, bedeck sie darnach mit dem andern Blatt, schneid den übrigen Taig einen Daumen breit ab von der Pastete, mach ihn zusammen, und walg ihn wieder aus. Darauf mach 2. Umschläge daraus 4. Finger hoch um die Pastete herum, bestreich sie wohl mit Eyer, schieb sie hernach in Ofen, und laß sie anderthalb Stunden backen. Ist es Zeit zum Anrichten, so nimm 2. Eyerdotter, rühre sie mit ein wenig Erbisbrühe, die in der Pasteten ist, gieß hernach alles in die Pastete hinein, und schüttle sie wohl, daß die Brühe unter einander kommt, und dick wird.

87) Karpfen-Pasteten.

Man nimmt einen schönen Karpfen, schupt denselben sauber, schneidt ihn ein wenig auf, nimmt die Gall heraus, und thut das benöthigte von Salz und Gewürz daran. Man tractirt übrigens diese in allen Sachen wie die Felchen-Pasteten, auſſer daß mehr Butter zu dieſen, als zu den vorigen erfordert wird; denn wie bey allem, ſo iſt auch hier die Proportion wohl zu bemerken.

88) Eine andere Fiſch-Paſtete.

Nimm Hechte, Karpfen, Ruethen, oder andere Fiſche nach Belieben, ſchupp dieſelbe, mach ſie auf, waſch ſie darnach ſauber, und ſchneide ſie in Stücklein. Hierauf ſied ſelbige ab in Waſſer, gieſſe es wieder ab, mach die Fiſch an mit Salz und Gewürz, mit Sardeln, Capern und Butter, wie zu den andern Paſteten erforderlich iſt. Wenn es alſo zugericht iſt, ſo mache die Paſtete halb rund, wie vor geſagt iſt von den Fleiſch-Paſteten, in Butter oder mürben Taig, doch aber, daß ſie wohl gebacken wird.

89) Eine kleine Paſtete mit Gehöck.

Zu den kleinen Fiſch-Paſteten kan man das Brät von einem Karpfen und von einem abgezogenen Ahl nehmen, ſamt etwas grünen Zwibel und Peterſil, Salz, Pfeffer und Muſcatnuß, worzu noch ein wenig friſcher Butter und Lemonienſaft kommt. Dieſes alles wird klein geſchnitten und ein Gehöck daraus gemacht. Das übrige iſt, wie hievor bey der Fleiſch-Paſteten geſchrieben ſiehet, in Acht zu nehmen.

Dorten zu machen.

90) Pförſching-Dorten.

Nimm Pförſching nach Belieben, ſcheele und ſchneide ſie von dem Kern hinweg, lege die Pförſching in eine Pfanne mit Zucker, und laſſe ſie alſo auf der Glut ohne Waſſer ſieden. Sind ſie geſotten.

an einem Fasttage zuzurichten. 29

ten, so richt ein Blatt von einem mürben Taig in eine Dortenpfanne, und wann die Pförsching kalt seyn, so richt sie auf den Taig, schneide den übrigen Theil davon rund herum, und mach einen Lorbeer-Kranz darum, und wenn dieser wohl bestrichen, so setze die Dorte in den Ofen. Ist sie gebacken, so richt sie auf ein Teller, besäe sie mit Zucker, und gib sie warm oder kalt auf den Tisch.

91) Aepfel-Dorten.

Die Aepfel müssen in allen Sachen geschält, geschnitten und gekocht werden, wie die Pförsching.

92) Birn- und Quitten-Dorten.

Birn und Quitten müssen entweder in der Aschen gebraten, oder in Wasser mit Zucker gesotten, und hernach erst klein geschnitten und zugericht werden, wie die Pförsching und Aepfel.

93) Dorten von Kirschen.

Nimm frische Kirschen, thue ein Stücklein Zucker in eine Pfanne, und brühe die Kirschen darein, daß der Saft über den Zucker kommt. Die Kern müssen weg, stelle sodann die Pfanne auf die Glut, und laß es zusammen sieden. Wann die Kirschen gesotten sind, so richt sie in die Dortenpfanne, wie gesagt ist von Aepfeln und Pförsching.

94) Ammerellen- und Weichsel-Dörten.

Die Ammerellen und Weichsel werden auch tractirt wie die Kirschen, ausgenommen, daß mehr Zucker dazu erfordert wird.

95) Hollbeer-Dorten.

Hollbeer, Erdbeer und Weinbeer müssen auch mit Zucker ohne Wasser gesotten seyn; doch müssen die Weinbeer mehr Zucker haben als die andern.

96) Melonen-Dorten.

Wann die Melonen wohl zeitig seyn, so schäle die-

dieselbe, und schneid sie in Schnizlein. Puz die Kern und das Fäselwerk davon, so darinn ist; und laß den Zucker sieden, biß er dick wird wie ein Saft, alsdann thue die Melonen darein, laß sie noch sieden, und rührs zu Zeiten um. Wenn sie gesotten, so laß sie kalt werden, mache sodann einen Taig von Butter oder andern mürben Taig, und richts wie die andern Dorten. Was übrig bleibt, läßt sich aufbehalten, so lang man will.

97) Eine gute Citronat-Dorte.

Nimm ein halb Pfund oder Vierling von eingemachten Citronaten, und drey oder 4. Aepfel. Die Kern und Schalen müssen hinweg, schneide die Citronen und Aepfel, samt einem Vierling frischen Butter so klein, daß man die Sachen nicht auseinander kennt; thue noch ein wenig Pomeranzenblüth-Wasser dazu, rund gestossenen Zimmet wohl untereinander gerührt, richts zwischen 2. Blättlein Butter-Taig, beschneide die obern nach Belieben zu einem Zierrath, bestreich die Dorten, und lasse sie eine Stund backen. So wol diese als die Spinat-Dorten müssen warm auf den Tisch gegeben werden.

98) Eine Spinat-Dorte zu machen.

Nimm sauber gepuzten Spinat, wasch denselben wohl, und seihe das Wasser ab; darauf lege den Spinat in eine Pfanne auf das Feuer, daß das Wasser davon gehet, preß den Saft hinweg, und schneide den Spinat nicht gar klein, lege ihn wieder in eine Pfanne mit einem guten Stücklein frischen Butter, einem Gläslein weissen Wein, einem halb oder ganzen Vierling kleine Weinbeer, gestossenen Zimmet, einem Vierling Zucker, und etwas Salz. Dieses alles muß auf der Glut gekocht, darnach wieder kalt werden. Hierauf macht man eine Dorte mit Butter-Taig, dünn ausgewällt, bestreicht sie mit Eyern, und läßt sie backen.

99) Eine

an einem Fasttage zuzurichten.

99) Eine Mueß-Dorte.

Nimm ein halb Maas Milch, thue einen Vierling Zucker samt etwas Salz darein, und laß es sieden, alsdann nimm einen guten Löffel voll weisses Mehl, und schlag 4. frische Eyer darein, klopf und rührs wohl um, damit es nicht knolligt bleibt, reib ein wenig Lemonienschalen darein, und rührs unter die siedende Milch, stell es wieder auf das Feuer, und rührs so lang, biß es siedet; alsdann laß das Mueß kalt werden, und richts in die Dortenpfanne wie andere Dorten.

100) Butter-Kräpflein mit Mueß.

Mach einen Butter-Taig an, und wann dieser recht ausgewällt ist, so nimm ein oder anderthalb Löffel voll von dem vorigen Mueß auf ein jedes Kräpflein, überschlage sie mit dem Butter-Taig, bestreichs mit Eyer, und schneids halb rund, wie einen halben Mondschein; darauf laß sie wohl backen, bestreiche sie mit Zucker, wans du anrichten willst.

Arten, ein Mues zu machen.

101) Ein weisses Mues.

Nimm eine halb Maas Milch, thue einen Vierling Zucker, sammt etwas Salz darein, und laß sieden; nimm unterdessen 4. frische Eyerklar, klopf dieselbe wohl, und wann der Schaum wohl dick ist, so thue einen kleinen Löffel voll schönes weisses Mehl darein, und rührs wiederum untereinander, alsdann gieß ein wenig von der siedenden Milch darein, stelle es hernach zum Feuer, und rührs, bis es anfangt zu sieden. Hernach wird es gleich wieder von dem Feuer hinweggethan, und abermalen gerührt, bis es
ein

ein wenig erkaltet, damit es kein Häutlein bekommt. Man kann das Mues warm oder kalt geben, und wenn es von dem Feuer kommt, kann man noch ein wenig Pommeranzenblüth=Wasser darein giessen.

102) Eine andere Art.

Nimm ein halb Maas Milch, und einen Vierling Zucker, ein wenig Salz, zwo Lemonienschalen, und laß es sieden. Unterdessen nimm einen kleinen Löffel voll weiß Mehl, rühre 6. Eyerdotter darein, thue ein wenig Milch darzu, und wann diese siedt, so rühre alles untereinander. Hierauf wird das Mues von dem Feuer weggethan, und öfters gerührt, damit es keine Haut bekommt.

103) Noch eine Art.

Nimm Milch, Zucker und Salz wie zuvor, thue ein wenig ganzen Zimmet darein, und laß es sieden. Anstatt des Mehls wird ein halber Vierling klein gestossene Mandeln genommen selbige mit 4. Eyer angerührt, und in die siedende Milch gethan. Dieses Mues soll man länger sieden lassen, als die andern.

104) Pistasch=Mues.

Dieses wird gemacht wie ein Mandelmues, ausgenommen, daß man anstatt der Mandeln Pistasch nehmen soll.

105) Ein Mues von Reis.

Nimm ein halb Pfund Reiß; wenn dieses wohl gepuzt, gewaschen, und fein abgesiegen ist, so stoß es in einem Mörser, und säe es durch ein kleines Sieb. Darauf nimm ein Maas süsse Milch, und so viel Raun, sammt einem halb Pfund Zucker, thue alles zusammen in eine Pfanne, rühre das Reis darein, und laß es sieden, so lang bis das Mues Brockenweis von dem Kochlöffel fällt. Wanns also kocht ist, so gieß das Mues in die Mödel, die dazu bereitet sind, und richts hernach an, wanns kalt ist. Rosen= oder Pomeranzenblüth=Wasser ist sehr annehmlich, wanns darein gerührt und damit gesotten wird.

Eyer zu kochen.

106) Gefüllte Eyer.
Nimm Sauerampfer, Kerbelkraut, Petersil, Pfesen und Bertram. Diese Kräuter alle werden sauber gewaschen, und wenn das Wasser wiederum abgesiegen, ganz klein geschnitten, und auf der Glutpfanne gekocht. Man nimmt hernach hartgesottene Eyer, nach Belieben, macht 2. Theil daraus, schneidt den Eyerdotter unter die Kräuter, mit Salz, Pfeffer und Muscatnuß, und läßts noch eine Weile kochen. Zulezt, wenn vorher die weiß gesottene Eyer darauf gelegt sind, gibt mans warm auf den Tisch.

107) Gekochte Eyer mit Brod.
Nimm klein geriebenen Semmel, laß ein Stücklein Butter zergehen, und thue das geriebene Brod sammt ein wenig Zucker darein. Hierauf werden frische Eyer nach Belieben dazu genommen, und mit ein wenig süsser Milch, Brod, Zucker und Salz geklopft. Dieses alles läßt man zusammen wohl kochen, damit es aber eine rechte Farbe bekomme, so wird die heisse Glutschaufel eine gute Weile darüber gehoben, da dann die Eyer eine rechte Farbe bekommen. Zulezt werden sie auf ein Teller, mit Zucker und andern dergleichen Sachen besäet, angericht.

108) Eyer in Spiegel zu kochen.
Laß ein Stücklein frischen Butter zergehen in einer Schüssel auf der Glutpfanne, und thue frische Eyer, eins nach dem andern darein, daß der Dotter nicht zerbrochen wird. Darauf wird etwas Salz dazu genommen, und ein wenig Muscatnuß darauf gerieben; da dann zulezt nur dieses noch zu beobachten ist, daß man die Eyer nicht zu hart muß werden lassen.

109) Eyer mit braunem Butter zu kochen.
Schlag frische Eyer in eine Schüssel, so viel beliebt,

liebt, daß der Dotter nicht zerbrochen wird, salze sie, und leg ein Stücklein frischen Butter in eine Pfanne diesen laß braun werden, und die Eyer eine Weile darinn kochen. Sind sie genug gekocht, so schütte ein wenig Eßig daran, und gibs warm auf den Tisch.

110) Eyer mit Milch gekocht.

Schlage 2. oder 3. Eyer auf, salze sie, und thue Zucker, nebst ein wenig Rosen- oder Pomeranzenblüth-Wasser darein. Klopf die Eyer wohl mit guter süsser Milch oder Raun, laß ein Stücklein Butter in einer Schüssel zergehen, gieß die geklopfte Eyer darein, und laß sie auf der Glut kochen. Uebrigens muß eine heisse Glutschaufel darüber gehoben werden, daß die Eyer eine schöne Farbe bekommen.

111) Eine andere Art.

Klopf ein paar Eyer, wie zuvor mit den benöthigten Sachen. Schneide sodann einen ganzen Semmel gewürfelt, daß dennoch alles beyeinander bleibt, leg die geschnittene Semmel in eine Schüssel, und gieß die geklopfte Eyermilch nach und nach darein, bis die Schüssel voll ist, welche man zulezt, daß die Glut oben und darunter kommt, und alles wohl ausgekocht wird, in einen warmen Ofen stellt.

112) Fricassee von geschnizten Eyern.

Nimm 6. oder mehr hart gesottene Eyer, thue den Dotter auf die Seite, schneide das Weisse zu Schnizlen, wie Kuttelfleck, und kochs mit geschnittenen Zwibeln, Petersil, Salz und Gewürz, sammt frischem Butter und ein wenig Eßig, wozu endlich nicht viel von Erbisbrühe und grünen Weinbeerlein kommt. Man kan ebenfalls Morachen, Schwame oder Capern, wie auch gesotten und kurz geschnittene Spargeln darzu kochen, und hernach anrichten.

113) Fricassee mit Milch-Raun.

Schlage Eyer auf, so viel du willst, thue das Weisse

an einem Fasttage zuzurichten. 35

Weiſſe halb davon, nimm anſtatt deſſen ſo viel Raun, und Salz wie ſonſten. Klopf die Eyer wohl, laß hernach den Butter heiß werden, wie ſonſt, und thue die Eyer darein. Darauf kan man die gemachte Fricaſſee mit Zucker anrichten.

114) Fricaſſee mit Peterſil.

Nimm Eyer nach Belieben, wann dieſelbe aufgeſchlagen ſeyn, ſo nimm eine Handvoll klein geſchnittenen Peterſil und Salz, klopf es wohl, nimm friſchen Butter und laß ihn in der Pfanne zergehen. Darauf mache die Fricaſſe und richte ſie hernach an, wie es dir am beſten gefällt.

115) Fricaſſee mit Zwibel.

Nimm geklopfte Eyer ſo viel du willt, hernach 3. oder 4. geſchälte Zwibel, ſchneide ſie rund, und röſte ſie in einer Pfanne mit Schmalz, daß ſie braun werden, und rühr ſie unter die Eyer. Das übrige wird wie bey andern Fricaſſeen beobachtet.

116) Fricaſſee mit Brod und Käß.

Nimm ſo viel geklopfte Eyer wie zuvor, thue geriebenes Brod und geriebenen Käß darein, und klopfs noch einmal zuſammen.

117) Eyer in Waſſer verlohren mit einer Brühe.

Nimm friſche Eyer, und verkehre ſie in Waſſer, wie ſonſt gewöhnlich, und daß ſie ſchön ganz bleiben. Nimm eine Handvoll jungen Sauerampfer, ſtoß und preß den Saft heraus, laß ein Stücklein Butter zergehen, rühre einen Eyerdotter darein, mit Salz und Muſcatnuß, ſo viel du vonnöthen, dazu rühre den grünen Sauerampfer-Saft darein, und wann die Eyer wohl geſiehen ſind, ſo richt ſie an mit der grünen Brühe. Man richt ſie auch an mit rother Brühe, oder mit Sardellen-Brühe.

118) Ein Eingerührtes mit Sardellen.

Nimm ein Stücklein friſchen Butter, und ſauber gepu-

gepuzte Sardellen, laß sie in einer Schüssel zergehen, thue so viel Eyer darein, als zu der Brühe vonnöthen ist, und rührs also auf der Glut, bis das Eingerührte genug gekocht ist, nur daß es nicht zu hart werde.

119) Ein Eingerührtes mit Aareß.

Nimm geklopfte Eyer und frischen Butter in eine Schüssel, stell es auf das Feuer oder Glut, und laß es anrühren; preß den Agreß darein, salze es und rührs, bis es genug gekocht ist.

120) Ein Eingerührtes mit Käß.

Nimm frischen Butter und geriebenen Parmesan-Käß, sammt ein wenig Wasser, rührs so lang an auf der Glut, biß der Käß und Butter zergangen; thue hernach die geklopfte Eyer darein, und rührs so lang, daß sie nicht gar zu hart werden.

Die andere Arten von Eingerührten werden alle gemacht wie die vorgeschriebene, aber nur mit Butter und Eyern allein.

121) Eyer in Schnee.

Nimm 12. Eyerklar, so frisch als du sie haben kanst, und thue den Dotter in eine Schüssel mit einem Stücklein frischen Butter und Salz. Dieses laß auf warmer Aschen gemach kochen, klopf das Weisse aus, daß der Schaum dick wird, thue den halben Theil in eine Schüssel, und laß es vor dem Feuer trocknen. Darauf wird gekochter Eyerdotter, und sodann der übrige Theil von Schnee oder geklopften Eyerklar dazu genommen, und die heisse Glutschaufel darüber gehoben, daß der Schnee eine saubere Farbe bekommt, worauf man ohne Anstand mit Zucker anrichten kann.

122) Eyer in Gläser.

Man tractirts in allen Sachen, wie oben von den Eyern mit Brod vorgeschrieben steht, ausgenommen daß zu diesen ein wenig mehr Raun und Zucker erfordert wird. Nimm so viel Kelchgläser, als du vonnöthen

an einem Fasttage zuzurichten.

nöthen hast, stells auf ein Blatt vor das Feuer, und thue in ein jedes Gläsgen ein wenig Butter. Wenn dieser zergangen, so lege die dazu gerichte Eyer und Brod darein, und drehe das Blatt vor dem Feuer oft um, daß die Sachen alleweg kochen. Sind sie recht gekocht, so kehre die Gläser nach einander um, auf ein Teller, die Spiz in die Höh, und garniere sie mit candietem Citronat, und übergezogenen Zimmet.

Etliche Gattungen von Salat, welche
sowol an einem Fleisch- als Fasttage können gebraucht werden.

123) Salat von Citronat.

Schäle eine schöne und grosse Citrone, ganz subtil von ihrer gelben Schale, hernach das Weisse zu schönen runden Schnizlein, richts hernach auf eine Schale mit Zucker an, und garniers mit Blumen.

124) Gesottener Zitronat-Salat.

Schäle und schneide den Citronat, wie zuvor, und laß die Schnitze in Wasser sieden, darauf lege sie nochmalen in kaltes Wasser; wenn dieses wieder abgesiegen, so richts an mit Zucker, Wein- und Pomeranzenblüth-Wasser, und garniers mit Margeranten-Kern.

125) Gesottener Artischocken-Salat.

Puz 3. oder 4. Artischocken, und schneids zu 4. oder 6. Theilen; die übrigen Blätter und Pelz lege zugleich in frisch Wasser, und laß sie darinn mit dem benöthigten Salz sieden, doch so, daß sie nicht versotten werden. Wenn sie wieder kalt worden, so werden sie mit Baumöl, Eßig und Pfeffer angericht.

126) Gesottener Spargel-Salat.

Man schneidt die Spargeln alle in einer gleichen Länge,

Länge, und schabt sie sauber, läßt sie sieden, daß sie nicht gar zu lind werden, auch die Spitz oder Knöpf schön ganz bleiben. Darauf legt man sie mit Salz in kaltes Wasser, so bleiben sie schön grün, und wenn man sie wieder heraus gethan, wird der Salat mit Oel, Eßig und Salz angemacht.

127) Gesottener Salat von Brocholi.

Man nimmt zu Frühlingszeit die Brocholi, welche auf denen im Herbst abgeschnittenen Kröpfen und Wersingkraut noch stehenden Sterzen und Wurzeln wachsen. Dieselbige werden gepuzt, und die Häutlein an denen Stengeln abgeschält. Man läßt sie hernach in Wasser sieden und kalt werden, richts sodann mit Oel und Eßig, wie die Spargeln, an.

128) Gesottenen Cigory-Salat.

Wann die Cigory-Wurzeln schön gepuzt, und nach der Länge geschnitten seyn, so lasse sie in Wasser sieden, und hernach kalt werden; sethe sie wieder ab, worauf man sie sodann mit Wein oder Eßig, mit gutem Baumöl und Zucker, auch mit abgesottenen Weinbeeren anrichten kan. Dieser Salat ist nicht unannehmlich für Gsunde und Kranke.

129) Gesottenen Selleri-Salat.

Wann der Selleri gepuzt und geschnitten ist, so läßt man ihn in Wasser sieden, und hernach kalt werden. Man macht ihn an, wie einen andern Salat, und ziert ihn mit den abgepuzten Blättern, so man in frischem Wasser aufbehalten, da der Selleri gepuzt worden.

130) Gesottener Hopfen-Salat.

Wann der Hopfen sauber gepuzt ist, so läßt man ihn in Wasser sieden, und hernach kalt werden. Ist er wieder abgesiegen, so kan man ihn mit grösserm, auch gesottenem Hopfen, auf eben die Art, wie die Spargeln, anrichten.

Im Fall kein grüner Hopfen vorhanden wäre, so kan die Schüssel mit Brocholi an dieser statt geziert, oder garniert werden.

131) Gesot-

an einem Fleisch-oder Fasttag zuzurichten. 39

131) Gesottener Salat von Ludstöcklen.

Man nimmt die erstere Geschoß oder Dolten, die von Lud- oder Liebstöcklen im Frühling aufschiessen oder wachsen. Dieselbe muß man von ihren kleinen Häutlein schälen, und in Wasser ein wenig abbrühen, dann es braucht nicht viel siedens, weil er ohnehin ganz lind und zart ist, auch sonsten der Geschmak ein wenig davon geht, man richtet sie an, wie die Spargeln, mit Oel und Eßig.

132) Gesottenen Carviol-Salat.

Wann der Carviol Stücklensweis sauber gepuzt ist, so laß ihn in Wasser sieden, und hernach kalt werden; alsdann, wenn er wieder abgesiegen, kan man ihn mit Oel, Eßig, Capern, Oliven, Salz und Pfeffer, anrichten.

133) Salat von grünem Cigory.

Nimm jungen grünen Cigory, puz und wasch ihn sauber, thue ein wenig klein geschnittenen Knoblauch darein, und machs mit Oel und Eßig an, wie einen anderen Salat.

134) Salat von grünem wilden Cigory.

Man nimmt die jungen Geschoß oder Herzlen von dem wilden Cigory, puzt und wascht ihn sauber, machts im übrigen mit allem, wie bey einem andern abgesottenen Salat.

135) Salat von rohem Selleri.

Wann der Selleri sauber gepuzt, gewaschen und geschnitten ist, so macht man ihn mit viel Oel, ein wenig Eßig, Salz und Pfeffer, an, und garnirts mit Ramen, oder was man sonst hat.

136) Salat von marinierten Cucumern.

Nimm die schönste und kleinste eingemachte von den Cucumern, wie sie an ihnen selbst, lege sie in eine Schüssel oder Teller. Nimm hernach die grosse, und schneide sie in 4. Theile, richts auf dem Schüssel-Rand herum, und inzwischen allezeit einen andern Schniz von dem roth gesottenen Randig, und garniers hernach mit Pistaschen.

137) Salat von Oliven.

Man nimmt die eingesalzene Oliven, und richts in frischem Wasser an.

138) Salat von Capern.

Wann die Capern sauber gewaschen sind, so richts man an mit Oel, samt ein wenig Wein, und garnierts mit Lemonienschnizlein.

139) Salat von Sardeln und andern Sachen.

Wann die Sardeln sauber gepuzt und abgetheilt, die Grätlein wohl davon, und eine Weile in frischem Wasser gestanden seyn, so theile sie noch einmahl, und richts auf ein Teller, wie ein Creuz, mit schönen Tartoffeln und weissen Carviolschnizlen, wie auch von rothem Randig, alles Creuzweis zugericht, bis daß der Teller voll ist; alsdann mach ein Kränzlein mit schönen Capern um den Teller herum, und richts hernach mit Oel und Eßig an.

140) Salat von Porelein oder Purzel.

Nimm junge Porelein oder Purzel, weil sie noch jung sind, puze und wasche sie sauber, nimm darunter jungen Garten-Kreßig, wie auch junge Münzen, und mach den Salat an, wie sonsten.

141) Gesunder Salat von Kräutern.

Nimm von allerley Kräutern, die man sonst zum Salat braucht, als Purzel, Kerbelkraut, jung gesüeten Latück, Brunnenkreßig, Gartenkreßig, junge Münz, jungen Fänkel, Sauerampfer, Melissen, Pimpernellen, junge Zwibel und andere Kräuter mehr. Dieses alles sauber gepuzt und gewaschen, hernach abgesiegen, und wohl angemacht mit Salz, Oel, nicht gar viel Eßig, macht zusammen einen guten und gesunden Salat.

an einem Fleisch- oder Fasttag zuzurichten. 41

142) Rabunzen-Salat.

Wann die Rabunzen sauber abgeschaben, und gepuzt seyn, so kan man sie entweder absieden, oder roh zu einem Salat anrichten, mit jung gesäetem Sa..t, Latücken oder andern Kräutern, wie auch mit Mandig garnieren. Uebrigens wird er mit Oel und Eßig, wie ein anderer Salat, angemacht.

143) Jung gesäeter Salat.

Wann der jung gesäete Salat von der Wurzel sauber gepuzt und gewaschen ist, so wird er wohl abgesiegen, und in allem, wie ein Sardeln- oder anderer Salat, zugericht.

144) Nistel-Salat.

Man macht den Nistel-Salat, wie den vorigen.

145) Kropf-Salat.

Man thut die grosse Blätter weg, und macht 4. Theile, oder halbirt die Kröpfe. Wenn sie sauber gewaschen und abgesiegen sind, so richt man sie mit jungen grünen Zwibeln an.

146) Antivi-Salat.

Nimm schönen weissen Antivi, puz und theile ihn, und mach ihn an, wie einen andern Salat.

147) Poloneser-Salat.

Die Poloneser, Passauer und Romer-Salat werden mit gesottenen Eyern, oder wie die Kröpfe gemacht.

Dieweil oft von Schwamen gemeldt wird, so da und dort zu diesen und jenen Speisen beygelegt, oder mitgekocht werden müssen; als ist es nothwendig, daß man wisse, was es für Schwame seyen, die zum Kochen wohl und ohne Schaden können gebraucht werden. Diese sind

1) die Morachen, welche man frisch und gedörrt brauchen kan, und sind bekannt.

2) Heiderling, welche auf der Heiden wachsen,

und oben weiß, unten aber braun seyn. Diese lassen sich auch dörren oder einsalzen.

3) Die Heirling, Herbstling oder Faistling, als welche ihre Benennung daher haben, weil sie nach St. Johannis und wiederum im Herbst wachsen. Sie sind obenher braun, und unten weiß, dabey feist, und haben keinen Geschmack; man kan sie einsalzen, und länger als 2. Jahr frisch behalten.

4) die italiänische Tartoffeln, welche die allerbeste sind.

Es sind auch noch andere sonst wohlbekannte Schwame, die man zu kochen pflegt: weil sie aber bey vornehmen Stands-Personen nicht gebraucht werden, so laß ich sie ungemeldt.

Eben so ist auch vonnöthen zu wissen, wie man die Morachen zu dörren pflegt. Hiebey ist hauptsächlich zu bemerken, daß man dieselbe vor dem Dörren nicht waschen soll; dann die Morachen werden bald Wassersichtig, weil sie frisch seyn, und lassen ihren Geschmak leicht im Wasser. Sind sie gedörrt, so wird gestossener Pfeffer darunter gethan, sonst wachsen kleine Flügel darinnen, oder sie werden Wurmstichig.

Die andere Gattung, nemlich die Heiderling, Chanpignions, wann sie wohl gedörrt sind, müssen sie wie die Morachen angefäset, und inwendig an den König aufgehekt werden, wo die Luft am besten ziehet. So können die Schwame in einer Nacht gedörrt, und hernach wie die Morachen aufbehalten werden.

Die dritte Gastung, oder die Feistling, können in allen Sachen gedörrt werden, wie die obern. Hiebey ist zu bemerken, daß die Schwame, wie vorgemeldt worden, weil sie frisch seyn, keinen Geschmak haben; wenn sie aber gedörrt seyn, einen guten Geschmack geben, besonders wann man sie zu Pulver stoßt, und zu denen Speisen nach Nothdurft gebraucht. Dergleichen Pulver kan man von den
vorigen

an einem Fleisch- oder Fasttag zuzurichten. 43

vorigen, wie auch von den Morachen, machen, und denen Speisen den Geschmack geben.

148) Art und Weise wie die vorgeschriebene Schwamen können eingesalzen werden, daß mans etliche Jahr aufbehalten kan.

Man soll erstlich die Schwamen schälen, hernach absieden in Wasser, und alsdann wiederum im frischen Wasser abkühlen, und wieder abseihen, in einen glasirten Hafen wohl einsalzen, und beschweren, an einem kühlen Ort aufbehalten, und davon nehmen, wann man etwas vonnöthen hat.

Man macht auch ein Suhr hierzu, nimmt ein Becken oder Pfanne voll Wasser, stellts auf das Feuer, thut Salz darein, und läßts sieden; wann das Wasser siedt, so kan man erkennen, ob genug Salz darinn seye, wann man ein frisch Ey darein thut, dann so lang das Ey auf dem Boden bleibt, so ist nicht genug Salz darinn, und so bald als genug Salz darinnen ist, wird das Ey in die Höhe schwimmen. Wann also die Suhr genug gesotten hat, so heb die Pfanne oder Becken von dem Feuer, und laß kalt werden, alsdann richte die abgesottene Schwamen in Hafen, und so viel Suhr darzu, daß es darüber geht, decks wohl zu, und behalts so lang du willst.

149) Wie man die Spargeln, Artischocken, Fysolen, und andere Sachen aufbehalten könne.

Nimm schöne Spargeln, und laß eine kurze Zeit sieden, legs hernach in frisch Wasser, und seihe es wieder ab, und auf einem Brett richts hernach in einen Hafen, und fülls mit der vorgeschriebenen Suhr an, gieß schön zerlassenes Schmalz drey Finger dick darauf, und laß kalt werden, behalts so lang du willst.

150) Frische Artischocken zu behalten.

Nimm schöne Artischocken, die nicht zu alt sind, siedts ein wenig ab, und laß wiederum abkühlen,

richts

44 Etliche Gattungen

richts in allen Sachen, wie vorgeschrieben stehet von Spargeln.

Von dieser Suhr kan man auch grüne Fysolen Bohnen, Pürzel und andere Sachen einmachen.

Unterschiedliche Gattungen von Confect, von allerley wohlcandirten Früchten, von eingemachten Säften, Marcepan, desgleichen von wohlschmeckenden Wassern, so bey vornehmen Gesellschaften, u. d. g. dienlich seyn, geschikt zu präpariren.

Ehe man sich aber hieher etwas zu weitläuf einlasse, ist dieses hauptsächlich zu beobachten, daß bey so vielerley Sorten des zu verfertigenden Confects auch die Art des zu siedenden Zuckers mehr als einerley sey, damit man sogleich wisse, welche Gattung des Zuckers man bey Präparirung eines jeden Confects besonders zu applicieren habe.

1) Die erste Gattung des gesottenen Zuckers wird genannt a liseé, oder auf teusch glatt. Dieser ist am wenigsten gesotten, und bleibt glatt; um ihn aber recht kennbar zu machen, läßt man ihn mit Wasser zergehen, und hernach erst sieden; wenn man viel Wasser nimmt, so muß er lang gesotten werden, wann aber der Zucker eine Weile gesotten hat, so muß man den langen Finger darein tunken, und die Hand umkehren, daß der gepflogene Finger auf dem Daumen lieget, und hernach wieder über sich ziehen. Wann ein klein runder Tropfen Zucker auf dem Daumen bleibt, so ist der Zucker recht glatt, oder a liseé, wann aber kein Tropfen bleibt, so ist er genug gesotten, wann er aber einen Faden gibt, daß ihn der Finger von dem

gesottenen Zuckers.

dem Daumen stehet, so ist er zuviel gesotten, so muß man mit Wasser wiederum helfen, und ihn noch einmal sieden.

2) Die andere Sorte des gesottenen Zuckers wird genannt à perle oder stark, kann auch erkennt werden, wenn man den Finger eintunkt, wie zuvor gesagt ist, und biegt denselben zu dem Daumen, so macht er einen Faden, so weit man den Finger aufthun kan, und alsdann ist der Zucker à perle, oder stark gesotten.

3) Die dritte Art des gesottenen Zuckers läßt man noch länger sieden, und man kennt ihn wann er genug gesotten, also: man tunkt einen Schaumlöffel in den Zucker, und hebt ihn wieder heraus; wenn man durch den Schaumlöffel Löcher gelasen, so wird der Zucker davon fliehen, wie ein subtiles Papier, alsdann ist er genug gesotten; wofern sich aber dieses noch nicht gezeigt, so muß man ihn noch länger sieden lassen, und diß ist der dritte gesottene Zucker, so man nennt à soufle, oder à rosar, zu dem Conserve.

4) Es gibt zwar noch eine Gattung des gesottenen Zuckers, welche die vierte ist, aber gar selten gebraucht wird, ausgenommen zu der Carmel, und diesen gießt man, wann er genug gesotten ist, tunkt den Finger in kaltes Wasser, und gleich darauf in den Zucker, und dann wiederum in das kalte Wasser, wann der Zucker hart wird und sich brechen läßt, so ist er genug gesotten, und dieser heißt à cassé oder Carmel.

Allerley Zuckerwerk.

152) Composte von Reinetten oder Corpandu-Aepfeln.

Nimm schöne Aepfeln, schäle sie halb oder viertelweiß, darnach sie groß oder klein sind, putze sie von dem Kern und Pelz der in der Mitte ist, lege sie in frisch Wasser, nimm andere Aepfel, schneide sie zu kleinen Stücklen, schäls und laß in Wasser sieden, darnach wenn sie durch ein Tuch wohl abgesiegen, daß der Saft besser herauskommt, thue das Wasser oder Decoction in ein rothkupfernes Beck, so recht sauber ist, thue von dem besten Zucker darein, viel oder wenig nach Proportion, laß dieses alles bey einnem grossen Feuer sieden, und kehrs zu Zeiten um, und wann die Aepfel genug gekocht sind, so thue sie nacheinander heraus, auf eine Schüssel, daß sie trocken werden, darnach richt sie auf ein Teller, und laß den übrigen Syrop noch einmal stark sieden, thue noch ein wenig Zucker und Lemoniensaft darein, und wanns gesotten ist, wie eine Sulz, so ists genug, thue es über die eingerichte Aepfel und auf das Teller.

153) Eine andere Composte.

Nimm schöne Aepfel, so man Glaber-Aepfel nennet, schäle sie halb oder viertelweiß, putze sie in der Mitte wohl, doch so, daß sie nur ein wenig, und nicht gar durchschnitten werden, damit die Schale ganz bleibt. Laß sie in der Decoction von den oberen Aepfeln, und verfertige sie wie oben stehet, ausgenommen daß kein Lemoniensaft dazu vonnöthen ist, an dessen statt aber ein Glas Wein genommen werde.

154) Composte von rund geschnittenem Citronat.

Nimm Citronat, so nicht viel Saft haben, schneids rund, und thue die Kern davon, laß ein
wenig

von Zuckerwerk.

wenig sieden in Wasser. Nimm darnach ein wenig Saft oder Decoction von den Reinetten-Aepfeln, und saigs ein wenig Lemonien oder Citronat wohl ab, ehe er angericht wird, und thue darnach den Syrop darauf bey den Aepfeln.

155) Composte von ganzem Lemoniensaft.

Nimm schöne Lemonien von den größten, so du haben kanst, mache die Schalen etwas dick, thue den Saft von einander, und schneids nach der Länge, mach darnach aus jedem Theil etliche Schnitz nach der Zwerch, thue sie in die Aepfel-Sulz, so vorhero gericht seyn muß, und laß die Lemonienschnitz in dieser Sulz sieden, daß sie wiederum zu einer Sulz wird, thue diese Sachen vom Feuer weg, laß den halben Theil kalt werden, darnach richte die Lemonienschnitz auf einem Teller auf, wie eine Piramide, oder wie es dir wohl gefällt, thue darnach die Sulz darüber, ehe als sie gar kalt werden, wie bey den obern.

156) Composte von Pomeranzen.

Man machts, wie die von Lemonien, ausgenommen, daß kein Aepfel-Syrop oder Decoction dazu vonnöthen ist, und sollte der Syrop a parte gesotten seyn.

157) Composte von Castanien oder Kesten.

Nimm von den schönsten und grösten Kesten, brate sie auf der Glut, schäle sie sauber, darnach trükne sie ein wenig, daß sie breit werden, lege sie in eine Schüssel aufgericht, und nicht aufeinander, sondern an einander, so viel bis genug ist, auf ein Teller, thue Syrop darüber von Marillen, oder von Zwetschgen, oder von andern Früchten, lasse sie ein wenig sieden auf einem kleinen Feuer, thue oft Syrop darüber, daß sieden thut; wann sie gnug sind, so nimm ein Teller, kehr sie um, und thue vor den Syrop darüber.

158.) Composte von Paißbeer.

Nimm schöne Paißbeer, putz sie von ihren Stengeln und Kern, laß Zucker und Wasser sieden, schäums sauber ab, laß sieden, bis schier a lisée oder glatt, thue die Paißbeer darein, und laß sie zugedeckt, und also fort sieden, bis der Syrop ausgesotten ist.

159) Composte von Biren.

Nimm Biren, thue sie in ein Beck voll Wasser, laß stark sieden, und wann sie lind werden, so lege sie in ein frisches Wasser, daß mans schälen kan, und wann sie zu groß seyn, so halbiers, und thue das Herz heraus, darnach laß sie einsieden mit einem Pfund Zucker, und ein wenig Wasser, bis sie ein wenig mehr als à perle gesotten seyn.

160) Eine andere Art.

Nimm schöne Biren, schäle sie, und lege sie in ein kupfernes Beck, thue Zucker, Zimmet und Wasser daran, decks wohl zu; wann sie halb gesotten seyn, so thue ein wenig rothen Wein dazu, so werden sie schön roth, und laß sieden, wie ein anders Confect, aber ohne viel Syrop dazu zu nehmen.

161) Noch eine Art.

Nimm Biren und laß sie unter der Aschen braten, darauf schäle und zertheile sie in der Mitte, thue die Kern und Herz heraus, lege sie in ein Beck, mit Zucker und Wasser laß sieden, so lang bis man keinen Syrop mehr sehen kan, daß sie ein wenig roth seyn, aber rühre oft das Beck, daß es nicht anbrenne, thue etwas von Pomeranzen-Saft darauf, und richt sie also an.

162) Noch eine andere Art.

Nimm Biren, lasse sie braten, wie die oberen letzten, und einen Syrop mit Zucker und Lemoniensaft, oder in ein wenig Pomeranzenblüth-Wasser sieden, thue die Biren in den Syrop, laß sie ein
wenig

wenig darinn sieden, und richts hernach auf ein Teller.

163) Eine andere Art von Aepfeln.

Nimm schöne Reinetten-Aepfeln, halbiere sie nach der Länge, oder ein Viertel, thue das Herz wohl davon, lege sie in ein Beck mit Zucker, und viel Wasser, kehre sie um, daß sie auf ihrer Schale liegen, und laß also sieden, so lang bis man keinen Syrop mehr sieht, und daß sie ein wenig roth seyn, hernach richts auf ein Teller, daß die Schalen schön ganz, und oben darauf sind.

164) Composte von Quitten.

Nimm Quitten, schäle sie subtil, und wickle sie wiederum ein in ihre Schale, und darnach in naß Papier, alsdann müssen sie in der Aschen eingegraben, und Glut darauf gethan werden; auf diese Art laß sie braten, darnach nimm sie heraus, und schneids in zwey Theile, thue das Herz heraus, lege sie in ein Beck, mit ein wenig Wasser und Zucker, laß sie sieden, bis der Syrop fertig ist, und gibs warm auf den Tisch.

165) Eine andere Art.

Laß die Quitten braten wie die obere, schäle sie darnach, schneide das beste in schöne Schnitz, thue sie in eine Schüssel mit gestossenem Zucker, und ein wenig Pomeranzenblüthwasser, decke sie wohl zu, darnach muß man sie auf warme Aschen legen, so wird sich der Syrop selbst machen.

166) Noch eine andere Art.

Nimm Quitten, schäle sie und schneids in vier Theile, thue das Herz heraus mit dem Kern, und legs in frisch Wasser, nimm diese Schale und Kern samt den Quitten, laß es darnach in Wasser sieden, mit einer Decoction oder Saft, wie von den Aepfeln im ersten Artickel gemeldt ist, thue sie in ein Beck zu dieser Decoction mit viel Zucker, und noch ein

ein wenig Waſſer, wanns vonnöthen iſt, thue ein wenig Zimmet dazu, deck's zu, daß ſie ſieden bey einem kleinen Feuer, bis ſie eine Weil eine ſchöne rothe Farbe bekommen, und der Syrop muß ſeyn wie eine Sulz.

167) **Eingemachte Pomeranzen Blüthe.**

Nimm ſchöne Pomeranzenblüthe, gib acht, daß die Blüthe wohl heraus ſey, putze ſie ſauber von ihren Knöpfen und Stengeln, laß ſie ſieden in Waſſer, thue ſie alsdann heraus in ein anderes friſch Waſſer, thue Zucker in ein Beck, laß es ſieden à liſeè oder glat, und die Brühe abſeihen, thue ſie in den Zucker, laß ſie ſieden, bis der Syrop fertig iſt, und alſo richt ſie an.

Wie man allerley Marcepan machen kan.

168) Gemeiner Marcepan.

Nimm ein Pfund gepuzte Mandeln und ſtoß dieſelbe klein, mit Roſen- oder Pomeranzenblüthwaſſer und Eyerklar, nimm darnach ¾ Pf. ſchön geſtoſſenen Zucker, und rührs wohl untereinander, in einem Beck oder Pfanne auf der Glut, und zwar ſo lang, bis ſie nicht mehr an dem Beck oder an der Hand anklappen, alſo ſind die Mandeln genug abgeſtärkt zu allerley Farben oder Figuren. Es iſt zu wiſſen, daß von diſem paſtè allerley Früchten, Vögeln, und andere Thiere können formirt und gemacht werden.

169) Röniglicher Marcepan.

Man nimmt von den Oberzelten paſtè, und treibt mit der Hand, ſo lang als anderthalb Spann aus, nicht gar ſo dick als der kleine Finger, man

ſchneidts

Marcepan zu machen.

schneidts zu kleinen Stücklen, formirt lauter Ringlein daraus; wann die Ringlein alle gemacht sind, so klopf 2. Eyerklar in einer Schüssel, und rühre darein, alsdann hat man schön gestoßenen und gesähten Zucker in einer andern Schüssel, daß man die Ringlein darein thut, und in dem Zucker umkehrt, daß die Ringlein wohl mit Zucker bedeckt sind, alsdann nimm eins nach dem andern, und richts auf einen Bogen Papier, daß eines von dem andern einen halben Zwerchfinger von einander liegt, hernach kan man den Marcepan backen in dem Ofen, der nicht gar zu heiß ist.

170) **Krause Marcepan oder Frisee.**

Zu diesen muß man gute und süsse Mandeln haben, sie müssen, wie die obern, abgezogen und klein gestoßen werden, darnach mische klein gestoßenen Zucker darunter, und laß nicht nach, bis ers zu einem rechten Taig wird, thue denselben durch eine Spritzen, welche einen kleinen Stern hat, auf ein Papier in einer Form, die dir bleibt, durchtrucken, alsdann samt dem Papier in eine Dorten-Pfanne, darunter keine Glut ist; auf den Deckel aber gehört die Glut, und der obere Theil der Marcepan muß backen; wenn nun dieser gebacken ist, so laß ihn kalt werden, heb solchen von dem Papier ab, kehr ihn um, und backe darnach die andere Seite ebenfalls, so wirst du schönen, delicaten und perfectionirten Marcepan haben.

171) **Aufgeloffene Marcepan-Soulse.**

Nimm einen Vierling von den schönsten Mandeln, so du haben kanst, zieh sie ab, wie oben stehet, und stoß sie so klein als du kanst, thue 2. frische Eyerklar darein, und rührs wohl untereinander, mische schön gestoßenen Zucker darunter, laß nicht nach, bis es zu einem rechten Taig wird, treib denselben durch eine Spritzen, wo an statt des Sterns ein rundes Eisen seyn wird, daß die Pastè in der Grösse eines kleinen Fingers heraus kommt, mach hernach Ringlein oder Kränzlein daraus, und richts auf Papier, und laß die Ringlein oder Kränzlein backen in einer Dorten-pfanne, fein langsam mit einem kleinen Feuer, so wirst du etwas guts und schönes haben.

172) Linde Marcepan zu machen.

Nimm ein Pfund süsse Mandeln, schäle sie, und lege sie in ein frisch Wasser, stosse sie hernach mit einem Pfund Zucker, und nimm die Schalen von einer grünen Lemonie darzu, und stoß dieses alles wohl klein, und richts auf das Papier, wie es dir wohl gefällt, entweder wie Marchanne oder nach einer andern Form, und laß darnach backen, und wieder kalt werden, darnach kehrs um, und laß es auf der andern Seiten auch backen.

173) Pomeranzen-Marcepan.

Nimm ein Pfund Mandeln, ziehe sie ab wie die obern, und stosse sie ganz klein, laß 3. Vierling Zucker sieden bis zum Fliehen, thue den Zucker vom Feuer weg, und rühre die Mandeln darein mit grossem Fleiß; nimm darnach ein halb Pfund eingemachte Pomeranzen, die wohl lind sind, seihe den Saft ab, und stoß sie wohl klein, darnach rührs mit den Mandeln, und stells wiederum auf das Feuer, rührs wohl untereinander, damit es nicht anbrennt, so lang, biß daß es sich nicht mehr in dem Becken anhängt, darnach richts auf weiß Papier nach einer Form, die dir am besten gefällt, und backs mit einem Dorten-Pfannen-Deckel auf einer Seite, und laß darnach kalt werden, mach ein Eiß darüber, und laß darnach auch backen, wie die andern sind, mit kleinem Feuer, damit das Eiß schön weiß bleibt.

Marcepan zu machen.

174) Eine andere Art mit Citronat oder Lemonien.

Man machts wie die obern, ausgenommen, daß man Citronat oder Lemonien, an statt der Pomeranzen dazu nimmt.

175) Marcepan mit Eiß.

Nimm von der Pasté, oder mach eine dergleichen wie gemeiner Marcepan, bereite die Pasté so zu, wie es dir am besten gefällt, und laß ein wenig im Ofen backen, darnach nimm Pomeranzenblüth-Wasser, thue dasselbe in eine Schüssel, und rühr gestossenen Zucker darein mit einem silbernen Löffel, und laß nicht nach, Zucker darein zu mischen, bis es zu einem dicken Taig wie ein Muß oder Brey wird, oder nimm Eyerklar und Zucker, und rührs wie oben stehet, vergiß nicht Lemoniensaft darein zu thun, weil es davon dick wird.

NB. Diese zwey Eiß dienen und können gebraucht werden zu diesem Marcepan, und zu allem andern Confect und Pasté; so trucken sind, muß man allezeit überstreichen, und darnach mit dem Deckel von der Dorten-Pfannen auf einer Seite, eines nach dem andern fein stät backen.

Wie man allerley Arten von Conserve machen kan.

Nimm von den schönsten rothen Rosen, von Prouins oder Kohl-Rosen, putze die Knöpfe sauber davon, lege sie in eine silberne Schüssel, oder anders silbernes Geschirr, und laß wohl dörren oder trucken werden auf einem kleinen Kohlfeuer, rühre sie oft mit der Hand, darnach wann sie recht trucken sind, so stosse sie in einem Mörsel, und seihe sie durch ein feines Sieb, darnach nimm etwas Lemonien-Saft, und ein Loth von disem Pulver, weiche es also

also ein, und laß unterdessen Zucker sieden, bis er aufzustehen anfängt, darnach thue den Zucker vom Feuer, und laß ihn weiß werden mit der Spathel, thue darnach die Rosen darein, und laß sie also darinnen, bis daß die Conserve eine Rosen-Farbe bekommen hat; und wann der Zucker zuviel gesotten wäre, so thue einer ganzen oder halben Lemonie Saft darein, und laß noch ein wenig kalt werden, und richts an.

176) Conserve von Pomeranzen-Blüth.

Nimm eine voll Hand Pomeranzen-Blüth, und zopf die Blätter ab von dem Knopf, schneide die Blüthe zu kleinen Stücklein, laß darnach ein Pfund Zucker sieden, bis er assouffle oder abzufliehen anfängt, darnach thue ihn von dem Feuer hinweg, wann du siehst, daß der Zucker flieht, so thue die Pomeranzen-Blüthe darein, und rühre es mit einer hölzernen Spahtel, richts also an mit weiß Papier mit der Spahtel, oder mit einem Löffel, wie es dir am besten gefällt.

177) Eine andere Art.

Nimm Pomeranzen-Blüthe, putze sie wie oben gemeldet stehet, stoß die Blüthe in einem Mörsel, laß den Zucker nach obiger Art sieden, und thue ihn hernach von dem Feuer hinweg, rühre die Pomeranzen darein, und verfertige den Conserve, wie die obern.

178) Eine andere Art mit Pomeranzen-Blüth-Wasser.

Man machts wie die von der Blüthe, ausgenommen, daß man Pomeranzen-Blüth-Wasser an statt der Blüthe dazu nimmt, und das Wasser muß erst darunter gerührt werden, nachdem der Zucker gesotten ist.

179) Conserve von Lemonien-Saft.

Mach dieses, wie von das Pomeranzen-Blüthe-Wasser, ausgenommen, daß man Lemonien-Saft an statt

Conserve zu machen.

statt des Pomeranzen-Blüth-Wassers dazu nimmt, wann der Zucker gesotten ist. Das übrige wird nach obiger Erinnerung in Acht genommen.

180) Conserve von geriebenen Lemonien-Schalen.

Nimm schöne Lemonien, reib denselben auf einem Riebeisen die Schalen ab, und lege sie in frisch Wasser, seihe sie darnach ab durch ein sauberes Tuch, und trucks wohl ab, laß darnach den Zucker sieden, wie zu den andern Conserven, und thue es vom Feuer hinweg, darnach die Lemonien-Schalen darein. Uebrigens wird es vollendet, wie die andern.

181) Conserve von allerley Früchten.

Nimm von allerley truckenem Confect, als Wetzeln und Marillen, von Pferschling, von grünen Mandeln ꝛc. schneide dieses alles zu kleinen Stücklein, und laß den Zucker sieden, wie zu den andern thue die Früchte oder Confect darein, und richts an, wie die andern.

182) Eine andere Art.

Nimm candirten Citronat, Pißtaschen, Marillen und Ammerellen, schneid sie zu kleinen Stücklein, wie oben gesagt ist, bespreng sie mit gestossenem Zucker, und trückne es vor einem kleinen Feuer, nimm darnach Zucker, und laß ihn auf dem Feuer sieden, oder aufflichen, wie oben stehet, thue ihn darnach vom Feuer hinweg, dieser Zucker muß ein wenig stärker gesotten seyn, als sonst zu einem andern Confect. Laß ihn darnach weiß werden mit der Spathel, und thue den Confect in den Zucker, weil er noch auf dem Feuer steht, unter beständigem Umrühren laß ihn sieden, bis der Zucker wieder zu fliehen anfängt, so ist er gut, alsdann thue es vom Feuer hinweg, und wann der Zucker weiß ist, und fängt an ein klein Eiß zu bekommen, alsdann muß man es mit dem Löffel anrichten.

183) Conserve von Pischtasch.

Nimm Pischtaschen, schäle sie wie die Mandeln, leg sie in kaltes Wasser, und wann sie kalt sind, seihe sie ab, und trückne sie mit einem saubern Tuch ab, darnach stoß, und laß den Zucker sieden, biß er aufflieht. Das übrige ist zu observiren wie bey den andern Conserven.

184) Eine andere Art.

Nimm Pischtaschen, und stosse sie recht klein, laß den Zucker sieden, thue ihn von dem Feuer hinweg, und laß ihn weiß werden, thue die Pischtaschen darein, rührs und richts auf weis Papier. Diese Conserve mit ungeschälten Pischtaschen ist ein köstliches Confect zur Herzstärkung nach dem Fieber.

185) Conserve von Margaranthen-Aepfeln.

Nimm von schönen Margaranthen die Kern, und presse durch ein Serviet den Saft heraus, thue diesen Saft in eine Schüssel mit ein wenig gestossenem Zucker, laß ihn ein wenig sieden und auffliehen vor dem Feuer, biß der Zucker zergangen ist, alsdann thue ihn von dem Feuer hinweg, und rühre den Margaranthen-Saft darein, richt sie an wie die andern.

186) Conserve von Veigeln.

Nimm Veigeln, und putze sie wohl von ihren Knöpfen, stoß die Blätter in einem Mörser, presse den Saft heraus, wie von den Margaranthen durch ein sauberes Tuch, laß den Zucker sieden, wie zu den andern Conserven, und thue den Saft darein, rührs wohl um, thue ein wenig Lemonien-Saft darein, und richts, wie die andern, auf Papier an.

187) Conserve von Kirschen.

Nimm schöne Kirschen, thue die Kern heraus, laß sie ein wenig im Wasser sieden, darnach seihe und schneid sie klein, laß hernach den Zucker sieden, wie oben gemeldet stehet, darauf thue ihn von dem Feuer

Feuer hinweg, die Kirschen darein, und rühre es
wohl untereinander, darnach richte sie an, wie die
andern Conserven.

188) Caramel.

Nimm Zucker, laß ihn sieden bis auf die Cassé,
oder brechen, thue ihn hernach vom Feuer hinweg,
und rühre etliche Tropfen von der Essenz oder Akstem-
öl darunter, giesse es darnach auf ein silbernes Blatt
oder Becken. Dieser Zucker ist gut vor den Husten
oder Keichen.

Allerley Arten von truckenem Confect.

189) Ganze Pomeranzen.

Nimm schöne Pomeranzen, und schäle sie klein
und subtil, daß die Pomeranzen schön glatt und nicht
uneben bleiben; mach in jede Pomeranze einen
Schnitt auf der Spitz, wo der Stengel gewesen ist,
darnach thue sie in ein groß Becken von rothem Ku-
pfer, so voll Wasser, und laß eine halbe Viertelstund sieden, alsdann lege sie wiederum in frisch
Wasser, darnach nimm einen kleinen Löffel von
Stahl oder Eisen, und thue den Schnitt-Putzen,
der darinnen ist, sauber heraus, hernach laß sie noch
zwey oder dreymal, allezeit eine Halb- oder Viertelstunde, nachdem es vonnöthen ist, sieden, und lege
sie allweg in frisches Wasser, alsdann nimm von
dem schönsten Zucker so du haben kanst, und
laß ihn sieden à lisée oder glatt; wann die Pomeranzen wohl abgesiehen sind, so thue sie in den Zucker, und laß sie noch eine Viertelstunde sieden, thue
sie darnach vom Feuer hinweg, und wann sie kalt
sind, so stells auf das Feuer, und laß sieden. Wann

dieses geschehen, thue sie wiederum hinweg, laß eine Weile stehen, thue sie darnach fein schön heraus, und gib wohl acht, daß der Zucker wohl heraus fällt, richt sie auf ein sauberes Stroh an, und laß sie trucken werden.

190) Pomeranzen-Schalen.

Nimm Pomeranzen-Schalen, schäle sie wie oben stehet, theile sie in 4. Theil, thue den Saft und Fasenwerk hinweg, schneid die Schalen nach der Zwerch, und wohl klein wie Speck, leg diese Schniz in frisch Wasser, laß sie darnach sieden, wie die andere Pomeranzen mit Zucker. Das übrige kan oben nachgesehen werden.

Ich schreibe nicht, wieviel man allda Zucker nehmen soll, weder zu den Pomeranzen, noch zu den Lemonien, dann sie müssen so viel Zucker haben, daß sie darinnen schwimmen können, aber den überbliebenen Zucker kan man wohl anderstwohin brauchen.

191) Von Lemonien und Pomeranzen-Schalen.

Die kleine und subtile Pomeranzen-Schalen brettet man zu wie die andern, in allen Sachen.

192) Von Lemonien.

Die Lemonien muß man schälen, und darnach in frisch Wasser legen, und also fortfahren, wie mit den Pomeranzen.

Die Lemonien-Schalen pflegt man einzumachen, oder zu conserviren, wie die Pomeranzen-Schalen, und der Zucker von Pomeranzen ist gar gut darzu, wie zu der Pralinne von Mandeln, wie auch zu den grünen oder schwarzen welschen Nussen, und zu andern Sachen mehr.

193) Romanische Latucken.

Nimm Romanische Latucken, so hoch gestiegen seyn, puz sie von den Blättern, und schäle sie sauber, gib acht, daß keine Fähden darbey bleiben, leg sie

von truckenem Confect.

sie in frisch Wasser eines nach dem andern, so bald als sie geschält seynd, und laß in dem Wasser sieden, bis sie lind werden; wenn du mit einer Nadel darein stichst, und nichts heraus ziehest, sondern die Latucken im Wasser liegen bleiben, alsdann sind sie genug, lege sie in frisches Wasser, alsdann laß den Zucker sieden, mische die Latucken darunter, und laß sie sieden, bis der Zucker oder Syrup genug gesotten ist, darnach lege sie in ein breit irdenes Geschirr, und laß sie 8. Tage darinnen, worauf sie in einem kupfernen Becken noch einmal sieden müssen, bis der Syrup genug gesotten ist, wie zuvor, alsdann lege alles in ein irdenes Geschirr, und laß kalt werden, decks zu, und halt sie hernach an einem truckenen Ort; wann du etwas davon brauchen wolltest, so nimm sie heraus und laß sie abseihen, richt sie auf ein Blech, und laß trucken werden in der Stuben. Auf jedes Pfund Latucken braucht man ein Pfund Zucker.

194) grüne Marillen.

Nimm grüne Marillen, ehe die Kern formirt und hart sind, schäle sie subtil, und laß sie im warmen Wasser auf der Glut stehen, daß sie nicht sieden, so lang, bis die Marillen grün werden, und ein wenig lind sind, alsdann leg sie in frisch Wasser, laß den Zucker sieden à lisee oder glatt, und wann die Marillen abgeseihet sind, so mische sie unter den Zucker, und laß sieden, bis der Syrup genug gesotten ist, darnach thue sie in ein irrdenes Geschirr, und laß 8. Tage stehen; wann diese Zeit vorüber ist, nimm die Marillen, und laß alles zusammen in einem kupfernen Becken noch einmal sieden, bis daß der Syrup genug gesotten ist, alsdann thue sie wieder vom Feuer hinweg, und gieß noch einmal in das irdene Geschirr, biß daß die Marillen kalt sind, darnach kan mans auf dem Blech aufrichten, daß eins das andere

andere nicht anrührt, und also trocken werden in der Stuben, kehre sie oft um, bis sie gar trucken sind, darnach kan man die Marillen zwischen Fließ-Papier einrichten, daß eins das andere nicht anrührt, und wann das Papier naß oder feucht wird, so muß mans auf ein ander Papier legen, also kan man die Confect lang behalten.

195) Eine andere Form.

Wann die Marille ein wenig gesotten, nimm sie heraus, und laß abseihen, sied Zucker, wie zu den Conserven, oder ein wenig stärker, lege die Marillen darein, und laß sie sieden; wenn dieses geschehen, so thue sie von dem Feuer hinweg, mach ein Eiß mit ihrem Zucker oder Syrup, richt sie auf Stroh, und wanns mit Zucker seyn, so besäe sie wohl mit klein gestossenem Zucker, halt sie ein wenig von dem Feuer.

196) grüne Mandeln.

Die grüne Mandeln bereitet man wie die Marellen, ausgenommen, daß man die Mandeln mit warmem Wasser schälen muß.

197) grüne Weinbeer oder Closterbeer.

Diese richtet man zu wie die Marillen, ausgenommen, daß man sie nicht schälen darf, hingegen müssen die Kern heraus gethan, und so viel Pfund Weinbeer, so viel Pfund Zucker dazu genommen werden.

198) truckene Amerillen.

Nimm schöne Amerillen, thue die Kern heraus, laß ein wenig sieden im Wasser, daß sie den Saft nicht verlieren; darauf läßt man sie wohl absetzen, und den Zucker sieden, alsdann mischt man die Amerellen darunter, und läßts sieden, bis der Syrup genug ist, hernach legt man sie in ein irrdenes Geschirr, worinn sie 8. Tage liegen bleiben, und noch eine Weil sieden müssen, biß daß der Syrup genug gesot-

gesotten ist. Wenn sie kalt worden, richtet man sie nach Gefallen auf ein Blech, und läßt sie in der Stuben trucken werden. Man muß sie des Tags zweymal umkehren, und wenn es vonnöthen ist, bis sie trocken sind, darnach muß man sie in ein Gestadel auf Papier einrichten, ein Lag Amerillen, und wieder ein Lag Papier darauf, und also damit fortfahren, so lang man etwas hat. Dieses ist hauptsächlich in acht zu nehmen, daß man sie anfangs wenigstens alle 14. Tage auf ein anderes Papier lege, und wann man sie lang behalten wollte, und das Papier naß oder feucht werde, man sie allezeit auf ein anderes Papier lege. Uebrigens ist bey allem Confect, so man trucken behalten will, das zu beobachten, daß mans zu Zeiten in die Stuben thut, wann es vonnöthen.

199) Trockene Marillen oder Kern.

Nimm schöne Marillen, die nicht gar zu zeitig, schäle sie, und thue die Kern heraus, legs in frisch Wasser, und laß in frischem Wasser warm oder heiß werden, aber daß sie nicht sieden, leg die Marillen darein, und laß das Wasser auf dem Feuer, wann die Marillen über sich aufsteigen, so muß man sie nach einander machen, in ein frisch Wasser legen, und wann sie recht kalt sind, wieder heraus thun. Darauf läßt man sie abseihen, und, wenn man sie auf ein flach breit irrdenes Geschirr angerichtet, den Zucker sieden à lisée oder glatt; man gießt ihn über die Marillen, und läßts also stehen bis den andern Tag, daß man den Syrup fein stät abgießt in einem Becken, wobey man in acht zu nehmen hat, daß die Marillen einander nicht anrühren. Darauf läßt man diesen Syrup oder Zucker sieden wie zuvor, und gißt ihn über die Marillen, läßts stehen bis den andern Tag, und continuirt alsofort 8. Tage. Allezeit, ehe man es zum besten thut, muß man die Marillen samt dem Syrup in das Becken giessen, und wann der Syrup zu viel geſotten, ſo gießt man ein wenig Waſſer darunter, läßts darnach ſieden, bis der Syrup genug geſotten, darnach läßt man es kalt werden, alsdann kan man es aufrichten wie die Amerillen, daß ſie ganz bleiben, oder ein Viertel zubereiten, wie jezt gemeldet iſt.

200) Kayſer-Pflaum.

Nimm ſchöne Kayſer-Pflaum oder Zwetſchgen, ſchäle ſie wohl ſubtil, und leg ſie in ein kaltes Waſſer. Sez ein anderes Waſſer über, und laß gar ſieden, lege die Pflaum darein, ſo bald ſie abgeſiehen ſind, und laß ſie darinn liegen, biß ſie auf dem Feuer ſchön grün werden, deck ſie zu, und wann ſie ſchön grün ſind, ſo lege ſie in ein kaltes Waſſer, darnach kan man ſie zubereiten, wie die Amerillen, und trocken werden laſſen.

201) Pflaum mit den Schalen.

Man machts, wie die obern, ausgenommen, daß mans nicht ſchälen darf. Alle die Pflaumen, ſo tauglich zum Confect ſind, werden alſo zubereitet wie die leztern zwey.

202) Die Pferſching einzumachen.

Die Pferſching werden candirt und eingemacht wie die Kayſer-Pflaum, ausgenommen, daß man ein wenig mehr Waſſer in den Syrup gießt, wenn man das leztemal ſie ſiedet.

203) Salzburger Biren.

Nimm Salzburger Biren und andere Biren, die dir tauglich ſind zum candiren oder einmachen. Was ganze Biren ſeyn, laß ſieden in einem Becken voll Waſſer, und wann ſie ein wenig lind ſind, ſo lege ſie in friſch Waſſer; wann ſie kalt ſind, ſo nimm ſie wieder heraus, und wenn ſie ſauber geſchält, lege ſie noch einmal in friſch Waſſer, laß darnach den Zucker ſieden à liſée oder glatt, und wann die Biren abgeſiehen ſind, ſo thue ſie in den Zucker und laß ſieden,

den, bis der Syrup genug gesotten ist, darnach gieß alles zusammen in ein irrdenes Geschirr, und laß kalt werden, alsdann gieß den Syrup in ein kupfernes Becken, und laß noch einmal sieden, darnach gieß ihn über die Birn, und continuire damit 4. oder 5. Tage aneinander. Auf die letzt thue die Birn samt dem Syrup in ein Becken, und wann der Syrup in seiner Substanz bleibt, so muß man ein wenig Wasser darunter gliessen, daß dieses alles bey einer Viertelstund sieden kan, bis daß der Syrup wieder in seinen vorigen Stand kommt; alsdann lasse sie kalt werden in einem irrdenen Geschirr, seih darnach den Syrup davon, und richt sie auf ein Blech, und kälts in der Stuben, kehrs alle Tag ein oder zweymal um, bis sie trocken werden, darnach richt sie auf Papier, in ein Gestadel, wie die Amerillen.

104) Halbierte Reinette-Aepfel.

Nimm schöne Reinette-Aepfel, halbiere sie, oder theile sie voneinander, das Herz thue heraus, und schäle sie sauber, laß sie in Wasser sieden, bis sie ein wenig lind werden, darnach lege sie in frisch Wasser, und verfertige sie, wie oben von den Birn stehet.

105) Zerviertheilte Küthen.

Man macht die Küthen zu Viertel wie die Reinetten-Aepfel.

106) Unzeitige Weintrauben.

Nimm schöne grüne und harte Trauben, thue den Kern fein schön heraus, daß nichts zerreißt, und laß sie grün werden wie die Kayser-Pflaumen.

107) Eine andere Art.

Wann die Trauben wohl abgesieden sind, so laß den Zucker sieden, wie zu der Conserve, alsdann mische ihn unter die Traupen, thue sie wieder über das Feuer, und laß sie sieden, bis daß der Syrup genug

208) Rosen Knöpfe.

Nimm schöne Rosenknöpfe, stich sie mit einem Messerspitz fünf oder sechsmal, und laß sie in Wasser sieden, daß sie 10. oder 12mal aufwahlen, darnach lege sie in ein frisch Wasser, seihe sie ab, und laß im Zucker sieden. Wann du sie trocken haben willst, so bereite sie wie die Pomeranzen.

Wie man Früchten candiren kan.

209) Candirte Pomeranzen-Blüthe.

Nimm Pomeranzen-Blüthe, ehe sie aufgeht, oder weil sie noch Knöpf hat. Ist sie auf ein breit irrdenes Geschirr oder Becken dermassen eingericht, daß sie nicht gar fest aneinander stehet, so läßt man den Zucker sieden, gießt ihn über die Pomeranzen-Blüthe, daß sie einen Zwerchfinger darüber gehet. Darauf thut man sie in die Stuben, und läßt sie 2mal 42. Stunden darinnen, doch daß die Stuben allezeit ein wenig warm seye, alsdann werden sie schön und recht candirt seyn. Zulezt thue sie heraus, und laß also trocken werden auf dem Stroh. Alle andere Blumen können also candirt werden.

210) Ganz candirte Pomeranzen.

Nimm schöne neue und glatt candirte Pomeranzen, die nicht viel mit Zucker überzogen und schön klar seyn; darnach laß den Zucker sieden, wie vorhero von der Pomeranzenblüthe stehet, gieß denselben in ein breit irrdenes Geschirr, thue darnach die Pomeranzen darein, daß eine die andere nicht anrührt, und nicht auf dem Boden stehen, gut wäre es, wann ein jeder

von Früchten zu candiren.

besonders mit kleinen Spachet unten bey den Stengeln mit einem Knopf wohl sauber gebunden würde, darnach thut man sie in die Stuben, und folgends wie die Pomeranzen-Blüth.

211) Candirte Marillen.

Man muß schön trockene confiscirte Marillen haben; diese kan man im candiren einrichten wie die Pomeranzen.

212) Candirte Pfirschen.

Die Pfirschen und andere Früchten kan man candiren wie die Pomeranzen und Marillen.

213) Eingemachte grüne Marillen.

Nimm grüne Marillen, wie oben stehet zu dem trockenen Confect, und bereite sie auch also zu, ausgenommen, daß sie in ihrem Wasser müssen kalt, und darnach erst in frisches Wasser gelegt werden; wann sie abgesiehen sind, so läßt man sie sieden wie die andern, und wann sie fertig, thut mans in Me-colica-Geschirr; sind sie kalt, so werden sie zugedeckt und verbunden.

214) Eingemachte zeitige Marillen.

Nimm zeitige Marillen viel oder wenig, schäl sie fein subtil, laß Wasser sieden, thue die Marillen darein, laß sie einen kleinen Sud thun, und darnach lege sie in ein kaltes Wasser, laß darnach den Zucker sieden wie zu den Conserven, thue die Marillen darein, wann sie abgesiehen sind, und laß noch 2. oder 3. Sud thun, darnach thue sie in die Stuben bis den andern Tag, und muß stets ein wenig Feuer darinnen seyn.

115) Eine andere Art.

Nimm schöne Marillen, die erst anfangen zeitig zu werden, schäl sie wohl subtil, thue den Kern heraus, leg sie in frisch Wasser, und laß wiederum eines heiß werden, doch daß es nicht gar siedet, leg die Marillen darein, und laß so lang darinnen, bis sie

Allerley Arten

über sich in die Höhe kommen, doch aber, daß das Wasser nicht siede. Darnach leg sie in ein frisch Wasser, laß den Zucker sieden à perle, und seihe die Marillen wohl ab, thue sie in den Zucker, laß sie fein stark sieden, und schaum sie wohl ab. Darauf lasse sie kalt werden, thue sie noch einmal auf das Feuer, und laß sie noch einmal sieden, daß der Syrup recht fertig ist. Leztlich ist zu bemerken, daß kein Schaum darauf seyn muß, und wann sie kalt worden, werden sie in einem gläsernen Geschirr zugedeckt.

216) Ungeschälte Marillen.

Diese werden zugerichtet, wie die andern, ausgenommen, daß mans nicht schält, noch den Kern heraus thut.

217) Eingemachte grüne Mandeln.

Diese werden in allen Sachen wie die Marillen zubereitet, ausgenommen, daß die Mandeln im warmen Wasser müssen abgezogen werden.

218) Eingemachte grüne Weinbeer.

Die grüne Weinbeer macht man ein, wie die grüne Marillen, ausgenommen, daß mans nicht schälen darf, man muß aber die Kern heraus thun.

219) Eingemachte Weixeln und Kirschen.

Nimm schöne Weixeln, thue die Kern und Stengeln sauber davon, laß alsdann den Zucker sieden wie zu den Conserven, thue hernach die Weixeln darein, und laß stark sieden mit einem grossen Feuer, saum sie sauber ab, darnach thue sie vom Feuer weg, und laß kalt werden, alsdann thue sie noch einmal über das Feuer, laß sie noch stark sieden, saum sie wiederum ab, und richts in ein Geschirr ein, laß kalt werden, und decks darnach zu, wie ein anderes Confect.

220) Eingemachte Hohlbeer.

Nimm schöne Hohlbeer, die nicht gar wohl zeitig, und schön ganz sind, puz die Stengeln sauber davon, und richt sie in ein breites irrdenes Geschirr

oder

von candierten Früchten.

oder Becken, laß den Zucker sieden, wie zu den Conserven, und gieß ihn über die Hollbeer, laß sie darauf kalt werden, darnach schütt alles fein gemach in ein Becken, daß die Hollbeer nicht zerstossen, laß sieden, und schäum sie sauber ab, biß der Syrup gesotten ist, darauf gieß sie in das Geschirr, und decks zu, wann sie kalt sind.

221) **Rothe Weinbeer, oder St. Johannis-Beer.**

Die rothe Wein- oder St. Johannis-Beer müssen alle sauber von ihren Stengeln geputzt werden, und wann der Zucker gesotten ist, wie zu den Conserven, so thue die Weinbeer darein, und laß sie wohl sieden, schäum sie sauber ab, und laß kalt werden, thue sie wiederum über das Feuer, und laß sieden, schaum sie sauber ab, bis der Syrup gesotten zu einer Sulz. Hieran ist zu erkennen, daß sie genug gesotten, wenn der silberne Löffel, den man darein tunkt, ganz roth bleibt. Alsdann thue man sie von dem Feuer, richt sie in das Geschirr, darinnen man sie behalten will, decks zu, wann sie kalt sind.

222) **Welsche Nüsse weiß einzumachen.**

Wann man welsche Nüsse einmachen will, so muß man schöne grüne und noch linde Nüsse, die man vollkommen schälen, und alsobald in frisch Wasser legen kan, dazu nehmen. Wann die Nüsse alle geschält sind, thue sie auf das Feuer und laß sie sieden, biß sie lind werden, daß, wann man mit einer Spicknadel oder einer Glusen darein sticht, und ziehts wiederum heraus, die Nuß sodann von selbsten herab fällt, und nichts daran behangen bleibt, alsdann sind sie genug gesotten. Leg sie darnach wieder in frisch Wasser, und, wann sie kalt sind, sticht man mit einem Pfriem durch, und steckt Nägelein darein, oder schöne Zimmet-Rindlein und Pomeranzen-Schalen, jedes 2. oder mehr Nägelein nach der Zwerch, und wann die Nüsse also gericht sind, so laß

laß den Zucker sieden à lisée oder glatt, und thue die Nüsse darein, lasse sie wohl sieden, thue sie alsdann vom Feuer weg, und laß ein wenig kalt werden bey einer halben Stund oder länger, alsdann thue sie auf das Feuer, laß sie stark sieden, so lang bis der Syrup à perle gesotten ist, alsdann thue sie vom Feuer weg, und richts in das Geschirr, decks zu, wann sie kalt sind, und wann du trockene Nüsse haben willst, so nimm sie von diesen, und richts auf ein Blech, laß sie trucken werden wie ein anderes Confect.

223) Eingemachte Maulbeer.

Wann du Maulbeer einmachen willst, so muß man sie abbrechen, ehe sie wohl zeitig sind, und die Stengel sauber putzen; übrigens lassen sie sich hernach wie die Weixeln oder Kirschen tractiren.

224) Eingemachte Zwetschgen, welche den Kern lassen.

Nimm schöne Zwetschgen, so nicht gar zeitig sind, schäle sie fein subtil, und legs in frisch Wasser, laß ein anders Wasser auf dem Feuer warm werden, doch daß es nicht siede; darnach lege die Zwetschgen darein, und laß sie darinnen liegen, bis sie anfangen grün zu werden, alsdann stelle sie vom Feuer hinweg, und legs in kaltes Wasser; wann sie ein wenig kalt worden sind, so laß den Zucker sieden wie zu den Conserven, und lege die Pflaumen darein, wann sie zuvor abgesiegen sind, und laß stark sieden, schäume sie fein sauber ab, und thue sie von dem Feuer hinweg, laß kalt werden, alsdann stelle sie wiederum auf das Feuer, und laß sieden, bis der Syrup gesotten ist à perle, thue sie von dem Feuer hinweg, und richts in das Geschirr, decks zu, wann sie kalt sind.

225) Muscateller-Birn einzumachen.

Die Muscateller-Birn muß man sieden lassen auf einem starken Feuer, und wann sie ein wenig lind sind, so stelle sie von dem Feuer weg, leg sie in frisch Wasser,

von Früchten zu candiren. 69

Waſſer, und laß den Zucker ſieden à liſée, thue die Birn darein, laß ſie wohl ſieden, ſchäume ſie ſauber ab, thue ſie vom Feuer weg, und laß kalt werden, hernach laß noch einmal ſieden, bis der Syrup geſotten iſt, thue ſie alsdann in das Geſchirr, und decks zu, wann ſie kalt ſind.

Alle die andern Birn werden alſo gemacht wie dieſe, ausgenommen diejenige, ſo man halbirt oder viertelt, die muß man halbiren oder vierteln, ehe man ſie ſiedet.

226) Pferſching einzumachen.

Man muß die Pferſching abbrechen, ehe ſie zeitig ſind, darnach müſſen ſie geſchält, die Kern heraus gethan, zugleich auch in friſch Waſſer gelegt werden. Die ganze Art ſie zu tractiren iſt folgende: Man läßt ein Waſſer ſieden, und legt die Pferſching darein, wann ſie alle geſchält ſind, läßt man ſie alſo auf einem kleinen Feuer ſieden, und wann ſie anfangen grün zu werden, ſo ſtellt man ſie vom Feuer hinweg, läßt ſie kalt werden, und alsdann legt man ſie in ein kaltes Waſſer, läßt den Zucker ſieden à perle, und wann die Pferſching abgeſiegen ſind, ſo vermiſcht man ſie mit dem Zucker, und läßts ſieden, ſchäumt ſie ſauber ab, darnach ſtellt man ſie von dem Feuer hinweg, wann ſie kalt ſind, ſo läßt man ſie noch einmal über dem Feuer ſo lang ſieden, bis der Syrup geſotten iſt; darauf werden ſie in das Geſchirr angericht, und wann ſie kalt ſind, wohl zugedeckt.

227) Muſcateller-Weintrauben.

Die Muſcateller-Trauben werden ehe ſie recht zeitig ſind, abgebrochen, hernach ſchält man die Haut und Kern ſauber hinweg, läßt den Zucker ſieden à perle, legt die Muſcateller-Trauben darein, deckts fein zu, und, nachdem ſie ein wenig geſotten, läßt man ſie kalt werden, darnach wieder ſieden, bis der Syrup geſotten à perle. Leztens werden ſie in das Geſchirr angericht, und wann ſie kalt worden, fein zugedeckt.

228) Unzeitige Weintrauben einzumachen.

Die Agres müſſen abgebrochen werden, ehe ſie zeitig ſeyn, man muß die Schalen und Kern heraus thun, und ein Waſſer warm werden laſſen, doch ohne es gar ſieden zu laſſen; man legt die Trauben darein, und läßt ſie ſtehen, daß ſie nicht ſieden, bis ſie anfangen grün zu werden, alsdann ſtellt man die Agres von dem Feuer hinweg, und läßts kalt werden in dem Waſſer; wenn ſie abgeſiegen, ſo vermiſcht man ſie mit dem Zucker, der ſchon ziemlich geſotten iſt, läßt ſieben oder acht Sud darüber gehen, und hebts auf wie anders Confect.

229) Quitten einzumachen.

Nimm Quitten, die wohl zeitig, mach Schnitz davon, oder halbiers, wenn ſie ſauber geſchält, leg ſie in friſch Waſſer, und laß ein anders ſieden, thue die Quitten darein, laß ſie ſieden, bis ſie lind werden, alsdann lege ſie wieder in friſch Waſſer, und laß den Zucker ſieden; darauf müſſen die Quitten darein gelegt, auf einem kleinen Feuer wohl gemach geſotten und abgeſeigt werden; wann ſie ein wenig kalt ſind, ſtellt man ſie wieder auf, wann dieſes etlichmal wiederholt, und die Quitten langſam geſotten, bis der Syrup zu einer Sulz geworden, alsdann werden die Quitten ſchön roth, und alſo ſind ſie recht. Zulezt richt ſie an in das Geſchirr, und decks zu, wann ſie kalt ſind, wie ein anderes Confect.

230) Erinnerung, wie man allerley Confect machen ſoll.

Erſtlich alle die Früchten ſo man confiſcirt, ſollen abgebrochen werden, ehe ſie gar zeitig ſind, ausgenommen

von Früchten einzumachen.

nommen die Weinbeer, Weixeln oder Kirschen, Birn oder Quitten, die lezte müssen wohl zeitig und mit grossem Feuer sauber confitirt seyn, ausgenommen die Quitten, als welche gar langsam gesotten werden, so wohl als die Früchten, so durch das heisse Wasser grün werden müssen. Diese müssen auch ein kleines Feuer haben, bis sie in dem Zucker sind, alsdann können sie auch ein starkes Feuer leiden.

Auf ein jedes Pfund Früchten soll man allezeit ein Pfund Zucker nehmen, ausgenommen bey den Kirschen, wobey auf ein Pfund ein halb Pfund oder 3. Vierling Zucker genug ist; zu den Quitten aber wird auf jedes Pfund 5. Vierling Zucker erfordert.

Die Confect sollen auch alle an einem temperirten Ort seyn, da es nicht gar zu warm und nicht gar zu feucht ist, wann man haben will, daß sie gut bleiben sollen.

231) Sulz von allerley Früchten.

Nimm von jeder Frucht, so dir beliebt, und schneids zu Stücklein, leg sie ins Wasser, sieds viel oder wenig, darnach die Frucht hart oder lind ist, wann sie gesotten, seihs durch ein starkes Tuch, damit du den besten Saft davon bekommst, darnach thue diese Decoction in ein Becken mit einer Maaß dieses Wassers und einem Pfund Zucker, laß dieses alles miteinander sieden, so lang bis die Sulz formirt ist, und erkennt wird, wann du einen Löffel voll nimmst, und siedest es herunter, so wird die Sulz Brockenweis wegfallen, und nicht rinnen; oder man kanns auch auf ein Teller schütten, wanns nicht mehr rinnt, so ists genug gesotten, gieß darnach die Sulz in die Model. Es ist auch zu merken, daß alle roth und grüne Sulzen fein gemach auf einem kleinen Feuer sieden und wohl zugedeckt werden müssen.

Letzlich ist noch in Acht zu nehmen, daß mat zu den Quitten mehr Zucker als zu den andern Früchten nöthig hat.

Wie man allerley wohlschmeckende Wasser, welche zu denen Gesellschaften bey vornehmen Standes-Personen gebraucht werden können, präpariren kann.

232) Jasmin-Wasser.

Nimm ein oder zwey Hand voll Jasmin-Blumen, und bey einem Vierling Zucker ein wenig zerstossen, alsdann thue die Blumen samt dem Zucker in einen sauber glasirten Krug mit zwo Maaß frischem Wasser, und gieß sie von einem Krug in den andern, bis der Zucker zergangen, und den Geschmack von Jasmin völlig bekommen hat, seihe darnach das Wasser durch ein sauberes Tuch, und bewahr es in einer Flaschen an einem kühlen Ort, bis mans brauchen will.

233) Pomeranzenblüth-Wasser.

Nimm eine Hand voll Pomeranzenblüth und $\frac{1}{4}$ Pfund Zucker mit zwo Maaß Wasser, und richts also wie das vorige.

234) Wasser von Muscateller-Rosen.

Nimm zwo Hände voll Muscateller-Rosen $\frac{1}{4}$. Pf. Zucker mit zwo Maas Wasser, und verfertige es wie die vorigen zwey.

235) Hohlbeer-Wasser.

Nimm wohlzeitige Hohlbeer, und preß den Saft durch ein sauberes Tuch, laß diesen Saft in einer
glä=

von wohlschmeckenden Waſſern.

gläſernen Flaſchen, welche nicht zugedeckt ſeyn muß, an der Sonnen oder vor dem Feuer ſo lang, bis daß der Saft fein gemach in ein anderes Glas übergegangen, damit der Hefen, ſo auf dem Boden, nicht hinein kommt; nimm darnach ein halbes Quart von dieſem Saft mit anderthalb Maaß Waſſer, und einem Vierling Zucker, gieß oft von einem Geſchirr in das andere, ſeihs darnach ſauber ab, und laß kalt werden, den übrigen Saft kan man behalten, wann man Baumöl darauf gießt in ein Glas mit einem langen Hals; Erdbeer-Waſſer kan man alſo behalten an einem kühlen Ort.

236) Erdbeer-Waſſer.

Das Erdbeer-Waſſer wird in allen Sachen gemacht wie die Hohlbeer-Waſſer.

237) Kirſchen-Waſſer.

Dieſes wird gemacht wie die andern von Hohlbeer.

238) Amerellen-Waſſer.

Amerellen-Waſſer wird gemacht, wie das Erdber- und Hohlbeer-Waſſer.

239) St. Johannis Beer-oder rothes Weinbeer-Waſſer.

Dieſes wird auf gleiche Art gemacht wie die vorige von Hohlbeer.

240) Marillen-Waſſer.

Nimm zwölf oder mehr Marillen, die wohl zeitig ſind, ſchäle ſie, und thue die Kern hinweg, laß inzwiſchen zwo Maas Waſſer ſieden, ſo bald dieſes geſotten hat, hebs vom Feuer weg, und lege die Marillen darein, laß ſie eine halbe Stunde darinnen liegen, thue anderthalb Vierling Zucker darzu, und wann dieſer zergangen, ſo ſeihe das Waſſer davon, laß es kalt werden, ſo wirſt du ein gutes Waſſer haben.

241) Zimmet-Waſſer.

Laß zwo Maas Waſſer ſieden, nimm unterdeſ=
ſen ein halb Loth Zimmet, und einen Vierling Zu=
cker, ſtoß alles wohl klein in einem Mörſel, und
wann das Waſſer geſotten hat, ſo hebs vom Feuer
herunter, und thue den Zucker und Zimmet darein,
darauf laß es alſo kalt werden, das Geſchirr muß
wohl zugedeckt ſeyn, und wann das Waſſer kalt iſt,
ſo ſeihs ſauber ab, daß es nicht dick oder trüb ſeye.

242) Waſſer mit Coriander.

Nimm eine Handvoll Coriander, ſo von den
Hülſen ſauber gepuzt ſeyn muß, ſtoſſe ihn ſodann
mit Zucker, und thue es in zwo Maas Waſſer,
decks wohl zu, bis das Waſſer den Geſchmack be=
kommen hat, ſeihe das Waſſer ab, und trincks nach
Belieben.

243) Waſſer mit Anis.

Man macht das Anis-Waſſer, wie das von Co=
riander.

244) Citronat-Waſſer.

Nimm Citronat, und ſchäle die gelbe Schalen
wohl ſubtil, und thue dieſelbe in einen Krug mit 2.
Maas Waſſer und einem Vierling Zucker; gieß es
von einem Krug in den andern, bis das Waſſer ei=
nen Geſchmack bekommt, ſeihe darnach das Waſſer
ab, und laß es kalt werden, wie die andere Waſſer.

245) Waſſer von Pomeranzen.

Man macht das Pomeranzen-Waſſer wie das
Citronat-Waſſer, ausgenommen, daß man Pome=
ranzen muß nehmen an ſtatt der Citronen.

Special-Trunck, als Ypocras, Rosolis und andere mehr.

246) Ypocras von rothem Wein.

Nimm ein sauberes irrdenes Geschirr, und thue 2. Maas gut-und schönen klaren rothen Wein, wie auch drey Vierling Zucker, der nicht gestoffen ist, sondern Stückweis, darein, mit ein wenig Zimmet, und etwas langen Pfeffer, der zerbrockt ist, samt ein wenig geschnittenen Ingwer, 6. Nägelein 2. Blättern Muscatblüth, mit einem geschält- und geschnittenen Reinette- oder Carpundu-Aepfel; deck das Geschirr wohl zu, und lasse es eine Stunde stehen, bis der Zucker wohl zergangen ist, alsdann nimm 10. oder 12. süsse ungeschälte Mandeln, wasch dieselbe sauber, und stosse sie ein wenig, doch nicht gar zu klein, lege die Mandeln in einen Sulz-Sack, der recht sauber ist, gieß die Ypocras darein, seihe sie oft durch, bis daß sie schön klar wird, alsdann thue die Ypocras in eine gläserne Flasche, und bewahre sie wohl.

Wann du sie noch besser haben willt, so nimm einen Gran Bisam, und eben so viel Umbeer, stosse sie mit ein wenig Baumöl, und machs in ein kleiner Teichel oder Sendel, und binds vornen an den Sack bey dem Spitz, doch soll es nicht mehr in den Sack eingegossen werden, dann der meiste Geschmak bleibt in dem wollenen Sack.

247) Ypocras von weissem Wein.

Nimm 3. oder 4. Maas von dem besten Wein, samt einem Pfund Zucker, ein Loth oder etwas mehr Zimmet, etliche Blätter Majoran, 2. oder 3. Mudel gestoffenen langen Pfeffer, nebst 3. oder 4. Stücklein von Citronat-Schalen; lasse die Sachen alle 3. oder 4. Stunde in einem recht saubern und wohl zugedeckt-

Special-Trunk, als Ypocras,

gedeckten irrdenen Geschirr, alsdann seihe sie durch den Sack, wie die vorige von rothen Wein.

248) Rosolis.

Nimm 6. Näse Nägel, 3. Mudel langen Pfeffer, 1. Loth guten Zimmet, 1. Loth Anis, reib die Schalen von einer wohlzeitigen Pomeranzen, nimm einen Vierling Zucker, und stosse alles wohl untereinander in einem Mörser. Die Sachen alle werden in einer gläsernen Flaschen mit 2. Maas guten Spiritus vini oder guten Brandtenweins wohl miteinander vermischt. Darauf läßt man dieses alles zwey Stunden wohl zugedeckt stehen, und unterdessen anderthalb Vierling Zucker wohl sieden; wann dieser wohl dick gesotten ist, so wird der Brandtenwein durch ein Tuch gesiegen, und in den Zucker, so bald er vom Feuer herunter ist, gegossen. Uebrigens wird es mit einem saubern Kochlöffel wohl angerührt, und durch den Sack, wie der Ypocras, abgesiegen. Leztlich ist dieses nicht dabey zu vergessen, daß man etliche ungeschälte, doch grob gestossene süsse Mandeln auf den Boden des Sacks legen muß.

249) Citronat-Saft.

Nimm 6. 8. oder 12. mehr oder weniger Citronat, theile sie in der Mitte voneinander, und mach 4. oder 6. Theil, schneid das Ort, allwo der Saft ist, fein schön ganz, doch aber, daß kein Fleisch von den Citronen dabey bleibt. Der Kern muß davon, und der Saft in ein schön glasirtes Häfelein gegossen werden. Wenn man dasselbe auf ein gutes Kohlfeuer gestellt, gießt man ein Pfund wohlgesottenen Zucker gleich von dem Sud her darauf, und läßts also sieden in dem Häfelein, bis er dick wird als ein Julep, alsdann gießt man den Saft in eine gläserne Flaschen, und bind sie zu, wann er kalt wird, so ist es ein köstlicher Saft zu vielen Krankheiten und Zuständen der Menschen.

250) Le-

250) Lemonade.

Nimm 5. oder 6. Lemonien, preß den Saft heraus in einem Krug mit einer halben Lemoni-Schaaken, und den Saft von ein oder zweyen Pomeranzen, 2. Maas Wasser, und ein halb Pfund Zucker, giesse es von einem Krüglein in das andere, bis der Zucker zergangen ist, alsdann seihe die Lemonade durch eine Serviet, und lasse sie kalt werden.

Man macht auch von Pomeranzen ein Wasser, wie von der Lemonade geschrieben stehet. Man nimmt 6. Pomeranzen, und nur eine oder zwey Lemonien. Das übrige wird wie bey dem obigen präparirt.

251) Abrenten-Wein.

Nimm 2. Maas guten rothen Wein in eine silberne Kanne oder grossen Becher, der offen ist, und thue ein Pfund schönen Zucker darein, mit 2. Blättern Muscatblüth, ein wenig langen Pfeffer, 12. Nägelein, einem Stengel Rosmarin, und 2. Lorbeer-Blättern; stelle den Becher oder Kannen vors Feuer, lege gute brennende Kohlen darum, zünde den Wein mit Papier an, und lasse ihn brennen, bis er selbsten ablöschet. Diesen Wein trinkt man so warm als es seyn kan.

Es ist auch zu wissen, daß man von vielerley Kräutern und wohlschmeckenden Blumen Wasser machen kan, denn wie ich in vielen Sachen erfahren habe, daß wann man den Geschmack von einem Kraut oder Blumen haben will, man nur so viel Blumen nehmen muß, als einer vonnöthen hat, und stoßt dieselbe mit Zucker, so nimmt der Zucker den Geschmack allen an sich; also thut man diesen in Wasser oder Milch, so hat man den Geschmack von den Kräutern oder Blumen.

Diewell man in denen teutschen Ländern die Pomeranzen-Blumen oder andere Früchten so leicht nicht bekommen kan als in Welschland, so können dannoch viele Wasser gemacht werden, die nicht weniger gut sind als in Italien, wie ich es in vielen Sorten probirt und gut befunden habe.

252) Agres Wasser wie Lemonade.

Reib die Schalen von einer schönen und wohlzeitigen Lemonie in einem Mörser, stoß die Schalen mit Zucker, und gieß von dem Agres so viel als du im Willen hast, Wasser zu machen, dazu. Darauf wird es mit frischem Wasser vermischt, und wie die vorigen abgesiegen, so wirst du eine gute Lemonade haben.

253) Weixel-Wasser von Agres.

Wanns im Winter ist, so kan man die Weixel nehmen, und mit Zucker wohl klein stossen, daß der Zucker den Geschmack von den Weixeln und Kern annimmt; damit es aber die Farb nach Genügen bekommen soll, so kan man die dürre Aupern im kalten Wasser einweichen, oder sieds zuletzt mit Zucker, Agres und Weixeln.

NB. Dieweil bald geschicht, daß sich die Köch- und Köchinnen beym Feuer brennen, so nimm eine Kachel, lösche demselben die Glut mit Leinöl, und rühre es, bis eine Salbe daraus wird, und damit das gebrannte Glied geschmiert, es heilt gleich wieder.

Oder Eyerklar mit ein wenig Weineßig abgeklopft, darüber gelegt, und darnach vor das Feuer gehalten, ist auch approbirt.

Wie man den Zucker, das Confect damit zu überziehen, läutern und clarificiren solle.

Auf 1. Pfund Zucker gehört ein halb Maas Wasser mit zerschlagenem Zucker, der in ein mößing Becken gethan, und sogleich mit siedend fliessend Wasser übergossen werde, damit der Zucker zergehe, ehe und bevor man solchen über das Feuer setzet. So bald dieses geschehen, nimmt man das Weisse von einem neugelegten Ey, mit einem halbsiedigen Wasser abgeschlagen, so ganz lauter ist, wenn der Zucker über das Feuer gesetzt, und anfangt warm zu werden, aber noch nicht heiß ist, so soll man den Jest darein schütten, und die Eyerschalen darein werfen, dabey aber den Zucker gemach sieden lassen; dann wenn er geschwind siedet, so fället der Schaum aller unter sich, wenn er nun anhebt aufzusieden, soll man das eine halbgesottene Wasser, wie oben stehet, zur Hand behalten, und den dritten Theil davon in den auffiedenden Zucker giessen, folglich ihn damit abschlagen und abschröcken. Dieses muß zum drittenmahl geschehen, doch solle der Zucker allezeit zuvor über sich sieden, und sauber abgeschäumt, auch zu rechter Dicke, wozu man ihn sodann bedarf, gesotten werden.

254) Schön aufgeloffenen Zucker zu machen.

Weiche schönen weissen Tragant in gutem Rosenwasser etliche Tage, daß er durchsichtig werde, und nicht zu dick, saige ihn sodann ab durch ein Tüchlein, je länger er erweichnet, je schöner er wird: darauf nimm über Nacht im frischen Wasser gelegene Mandeln, trückne sie ab, und auf ein Pfund ein Loth zum auswurken. Der Tragant muß gar klein gestos-

gestoßen, und nachdem er genug gewürkt, im Mörser so lang abgerieben werden, bis er sich darinn hart anschellt, dann nimm die gestoßene Mandeln darein, und laß sie 3. Stunden gar wohl abziehen. Bey dem Tragant ist auch dieses zu beobachten, daß man nicht zuviel und nicht zu wenig nehme, alsdann muß man ihn durch ein Tüchlein wohl absaigen, dann je länger er weichnet, je länger er wird. Darauf nimmt man die über Nacht im frischen Wasser gelegene Mandeln, und dieses nach Proportion, sonsten würde der Taig zu naß, und fahrend ausfallen.

255) **Das weiße Quittenwerk in die Model zu machen.**

Nimm 2. Pfund schönen Zucker in ein mößing Becken, gieß frisch Bronnenwasser auf eine halb Maaß daran, wann er darüber siedet, so nimm von 2. Eyern das Weiße, und zerschlags gar wohl, gieße es in den Zucker durch ein sauberes Tuch, und siede es ob dem Feuer, bis er blätterigt und dick wird, alsdann muß er geschwind vom Feuer weggethan, und 1. Pfund schön weiß durchgeschlagene Quitten darein gerührt werden. Dieweil die Hitze noch beysammen ist, muß man alles in die Model, die schön sauber und trocken sind, gießen, und zum warmen Ofen setzen.

256) **Citronen- und Lemonien-Räßlein zu machen.**

Schneide eine Citrone bis auf das Saure, übersiede sie, daß sie weich wird, zerhack sie klein, siede sauber geschälte Quitten, und schneid sie bis auf das Steinigte, nimm auf 1. Pfund Quitten eine halbe Citrone, wägs zugleich, damit die ordentliche Proportion zwischen den Quitten und Citronen beobachtet werde. Gleichfalls wird auch eben so viel Zucker dazu gewogen; er darf aber weder gestoßen, noch geläutert werden, sondern nur zu kleinen Stücklein geschlagen seyn, stoße solchen in Mörser wohl untereinander, sied es alsdann in einer mößingen Pfanne, und so lang, bis man

zum Confect zu läutern.

man sieht, daß es gestehen will, dann schlags auf ein sauberes Brett, in die Mödelein, so etwa zwey Finger hoch, und wie die Schopf-Käse formirt sind.

257) Das aufgeloffene von Mandeln und Lemonien-Saft zu machen.

Nimm ein Vierling geschälte Mandeln, stosse sie gar klein, daß sie nicht öhlig werden, nimm 3. Vierling Zucker, und so bald dieser darunter gestossen, trucke in den Lemonien-Saft über Nacht geweichten schönen weissen Tragant, saiae ihn ab durch ein sauberes Tuch, nimm einen Löffel voll darunter, und die Schalen von 2. Lemonien, gewürfelt geschnitten, trucke 3. Messer dick in ein Mödelein, backs kühl auf einer Oblatte, und zwar so, daß oben mehr Glut als unten seye.

258) Roth und weisse Quitten-Schnitzlein im Zucker zu machen.

Lege schöne Quitten in siedheisses Wasser, bis die Haut ein wenig weich wird, dann schäle sie, schneid sie zu Schnitten, oder thue die Körner und das Steinigte darvon, zu 1. Pfund Quitten nimm 1. Pfund Zucker, läutere solchen mit frischem Bronnenwasser; wann du sie roth haben willt, so thue Erbselen gleich in den Zucker, siede ihn, bis du glaubst, daß sie Farbe genug haben. Wenn der Zucker schier anhebt zu schäumen, so lege die Quitten darein, bis sie als wie eine lautere Latwerge werden. Nimm die Schnittlein fein heraus, lege sie nacheinander, und schütte die Brühe darüber, bis du nichts mehr hast. Wann du willt, so schneide weisse und rothe Schnitz; Man kan die weisse Brühe über die weisse oder rothe Schnitz, und die rothe Brühe über die weisse schütten.

f

259) **Citronen, Quitten, Biren-Schnitten, auch anderes Steinobst in Zucker einzumachen.**

Die Pomeranzen oder Citronen siede ab, wie obgemeldt, in der Zucker-Brühe, daß der Zucker recht hinein dringet, und die Brühe wohl gestehet; sodann thue die Materie daraus, bis sie kalt ist, besäe sie über und über mit Zucker, und kehre sie darinnen um, nachdem sie bey dem Ofen wohl getrocknet worden.

Andere Früchten aber ausser was Amelen und Kriechen betrift, kan man nur im Zucker sieden, hiebey aber ist die eigentliche und besondere Art des Obsts wohl in Acht zu nehmen; als z. E. Weixlen, so sauerlecht, lassen sich nur sieden, daß sie den Zucker annehmen, dannn so sie kalt, besäe sie mit Zucker, wie oben gemeldt, und solches Zuckerwerk muß man beständig in gleicher Wärme halten. Auf eben diese Art lassen sich auch der Rosmarin, Majoran, und andere von gleicher Gattung überzuckeren. Die Kräuter müssen nur in einer Zucker-Brühe umgekehret und besäet werden, man kan sie auch mit Tragant netzen; allein die Zucker-Brühe hat eine weit grössere Kraft.

260) **Klein gewickelte Quitten-Schnizlein in gläsernen Schalen zu machen.**

Erstlich schäle schöne Quitten, so glatt sind, mach 4. Schnitzlein daraus, aus diesen noch dünnere nach der Länge, nimm von diesen Schnitzlein ½ Pfund zu diesen 3. Vierling Zucker, stosse ihn so rein, wie Mehl, thue eine gute Hand voll Zucker in ein mössing Pfännlein, nimm dann eine Lage von Schnitzlein, und wieder Zucker, bis alles beysammen ist, lege es fein ordentlich, dann nimm Rosenwasser, daß es wohl sieden mag, und die Schnitzlein fein lind werden, auch Farb genug haben, und Brühe bekommen, thue sie mit einem Löffel heraus, und lasse

zum Confect zu läutern.

laſſe ſie ein wenig überſchlagen, dann wikle die Schnitz fein rund auf, und ſtelle eines an das andere in ein Lädlein oder Schalen; alsdann ſiede die Brühe, bis ſie wird wie eine lautere Latwerge, und geſtehet, dann ſchütte ſie über die gewickelte Schnitzlein. Dieſes iſt ein ſchön haltbar und koſtbares Confect.

261) Confect Schalen zu machen.

Nimm 1. Pfund rein geſtoſſene Mandeln, läutere ein Pfund Zucker, dann truck die Mandeln darein aus, thue Erbſelen-Saft darein, bis es eine Farbe giebt wie Salmen: truckne ſie noch beſſer in die Formen aus, bis man wohl damit umgehen kan, truckne ſie im Ofen oder Dorten-Pfannen, dann mache die Haut aus einem Zucker-Taig, färbe ſie blau mit rothen Düpflen, die Farb aber muß mit Gummi angemacht ſeyn.

262) Ein Taig, den durchbrochenen Zucker zu machen.

Weiche ſchönen Gummi und Tragant im Roſenwaſſer ein, aber ſo, daß man den Tragant durch ein Tüchlein winden kan. Nimm 2. Löffel voll geweichten Gummi, und ſo viel des obigen Tragants, und die Halbſcheid von dem Weiſſen eines Eyes in einen Klingelſtein, reibs wohl durcheinander, und wann es fein glatt wird, ſo thue ein paar Löffel voll geſtoſſenen Zucker darein, der durch ein Tuch gebeutelt, und immerfort geſtoſſen worden; thue den Zucker nach, und zwar ſo viel, daß zu einem halben Pfund Zucker ein halber Vierling Amelen-Mehl kommt; ſtoſſe ihn ſo lang, bis der Taig ganz zäh und weich, darauf thue ihn in einer Schale in Keller, und brauch ihn nach Belieben, welle ihn dünn, trucke ihn in die Mödel, und ſchneide ihn auf den Mandeth ab, dann ſetze es auf. Dieſes iſt ebenmäßig ein zierliches Confect.

263) Zu dem aufgeloffenen Zuckerwerk.

Nimm das Weiſſe von 2. Eyern und eines Ey groß geweichten Tragant, der durch ein Tüchlein getruckt worden. Dieſen truck durch ein anderes Tuch zu einem lautern weiſſen Schaum wie Schnee. Dann nimm rein geſäuberten Zucker in einen Mörſer, thue den Schaum darein, und ſtoſſe den Zucker darunter, bis es einen ſchneeweiſſen zähen Taig giebet, der ſo leicht und hohl wie ein Schwamm: je länger man ihn ſtößt, je leichter er wird; wenn er ganz leicht iſt, ſo thue den Taig auf ein Brettlein, ſo mit Amelen-Mehl beſtreuet iſt, welle ihn dicklecht aus, trucke nach Belieben die Mödel darauf, ſchneide ſie ſauber ab, und legs auf Papier, ſo ebenfalls mit Amelen-Mehl beſtreuet iſt, backs in der Dorten-Pfannen, aber mit Sorgfalt, daß mans nicht verbrenne, dann dieſes iſt gar bald geſchehen, deßwegen muß man beſtändig eine gleiche Hitze, die nicht zu groß, dabey haben.

264) Rothe Täfelein von Zucker zu machen.

Wann die Schleen zeitig ſind, ſo ziehe die Haut ab, dörre ſie am Schatten, dann wann man ſie brauchen will, muß man ſolche in Citronen-Saft, der wohl darüber gehet, einweichen, und entweder an der Sonnen oder im heiſſen Ofen eine Viertelſtunde verdämpfen laſſen: dann truckt man den Saft daraus, ſiedt ein Pfund Zucker zu den Täfelein, rührt ihn mit einem hölzernen Schäufelein dreymal um, und thut den obigen Saft darein, aber nicht gar zu viel, dann ſonſten gehet es nicht recht auf. Man kan auch, wenn man will, ein wenig geriebene Citronen-Schalen darein thun, und wann der Zucker noch einmal mit dem Schäufelein auf dem Feuer gerühret worden, läßt ſich alles auf Papier ſchütten, und eine Form, wie Täfelein machen.

zum Confect zu läutern.

265) Das Zucker-Eiß zu machen.

Nimm schön zart gestoßenen Zucker, frischen Eyerklar, den Saft von einer frischen Citronen, und ein wenig frisch Wasser, mach mit dem Zucker ein ziemlich dickes Taiglein an, daß es sich kaum gießen läßt, backs noch eine Weil, so lauft es schön auf, und ist solches ein treflich Confect. Es wird um so köstlicher, wenn man rein gestoßenen Zimmet unter den Mandeln-Taig wirket.

266) Den Zucker roth zu färben.

Feile 2. Loth Prisilien-Holz, mische darunter 2. Quintlein Alaun, binds in ein kleines Säcklein, hänge es in 12. Loth Bronnenwasser 6. Tage lang, dann erwärme es wohl mit dem Feuer. Wenn man den Zucker mit diesem Wasser kochet, wird er schön roth.

267) Rothen Quitten-Saft zu machen.

Nimm frische Quitten, wasche sie sauber ab, man darf sie nicht schälen, sondern schneidt sie zu Schnitten mit Butzen und Kernen. Darauf füllt man einen Hafen, der 3. Maas Wasser hält, bis an den Ranft, mit frischem Wasser, deckt ihn zu, und setzt ihn zu einem gelinden Feuer, bis es fast halb einkochet, und fein roth ist. Alsdann läßt man es durch einen wollenen Sack laufen, und wird mit 2. Hölzern zu einem Schleim wohl ausgepreßt. Wenn dieses geschehen, wascht man die frische Quitten sauber ab, reibt und preßt sie aus, nimmt den ausgepreßten Saft, 1. Pfund Schleim, 3. Pfund schönen Canari-Zucker, 24. Loth oder 3. Vierling geläuterten Zucker mit Eyerklar, Saft und Schleim. Wenn dieser zuvor abgesiegen und wohl abgeschaumt ist, siedt man ihn gemach zu seiner Vollkommenheit.

268) Wie man den Tragant, so in die Mödel gedruckt wird, zum Zuckerwerk ansetzen solle.

Nimm schönen weissen auserlesenen Tragant 1. Loth mehr oder weniger, nachdem man viel Zuckerwerk machen will, und halb so viel Gummi Arabici; beede Stücke werden in einem Mörser groblecht gestossen, und in ein silbern oder zinnernes Gefäß gethan. Alsdann gießt man gut Rosenwasser darüber, daß ein Zwerchfinger über den Tragant gehet, deckts wohl zu, und läßt es über Nacht in einer gelinden Wärme stehen, Morgens aber wird es wohl umgerühret. Ist es zu dick, so wird mehr Rosenwasser daran gegossen, doch mit Sorgfalt, daß es nicht zu dünn, sondern zu einem starken Muß werde. Zulezt truckt man es durch ein leinenes Tuch, damit nichts unreines darein komme, verdeckts wohl, stellt es in Keller oder sonst kühlen Ort, bis mans brauchen will. Davon kann man allerhand Farben ansezen, oder Taig machen.

269) Wie grosse oder kleine Stücke von Marcepan zu machen.

Erstlich nimm Mandeln, leg sie in frisches Bronnenwasser, laß sie über Nacht darinnen stehen, bis sie sich schälen lassen. Dann leg sie wieder in frisches Wasser, lasse sie ein wenig darinn liegen, stosse sie rein, und damit die Mandeln nicht öhlig werden, gießt man manchmalen Rosen- oder Bronnenwasser darzu. Ein halb Pfund Zucker wird darunter gestossen, und der Taig in einer mößingen Pfanne auf dem Feuer ausgetruckt, bis er sich von der Pfannen abschält, und nicht mehr an den Fingern klebet. Wenn der Taig erkaltet, lassen sich kleine oder grosse Stücke daraus formiren.

270) Aufgeloffenen Marcepan zu machen.

Nimm 16. Loth rein gestossenen Zucker, und 4. Loth Mandeln, stosse sie klein, nimm das Weisse von einem Ey, klopf es gar wohl, dann rühre den Zucker allgemach darunter, doch so, daß auf einmal nur ein Löffel voll Zucker dazu genommen, und alles auf einer Seiten gerühret werde, sonsten gehet es nicht

nicht auf. Wann der Zucker völlig darunter, so kommen die 4. Loth gestoßene Mandeln auch darzu, diese aber müssen zuvor auf dem Feuer in einem Pfännlein oder in einem warmen Ofen ein wenig abgetrücknet werden. Die 16. Loth Zucker muß man nicht alle in den Eyerklar rühren, sondern ein wenig davon aufbehalten, und den Taig nicht wirken, bis alles untereinander gerühret ist, daß es ein dickes Taiglein abgibt, der sich kaum in die Formen trucken lasse. Endlich nimmt man den Taig aus der Schüssel, und legt ihn auf ein Brett. Wenn er ein wenig mit Zucker gewirkt, und in die Form gethan ist, schneidt man ihn neben herum mit einem Messer ab, legt ihn auf ein Papier, und backt ihn in einer Dorten-Pfannen, da er dann auf eine zierliche Art aufläuft.

271) Citronen Schnitten zu machen.

Mach einen guten Marcepan-Taig, und formire Schnitten wie von Weißbrodt, richts neben herum ein wenig auf, backs in einer Dorten-Pfannen, und laß sie kalt werden. Darauf schneidet man die Citronen-Schalen sehr klein, nimmt das innere Mark gleichfalls von denen Citronen, thut das Weisse sauber davon, hackt das Mark klein, und rührt gestoßenen Zucker nebst den obgemeldten Citronen-Schalen darunter. Den Zucker läßt man sieden, bis daß er einen Faden gibt; wenn er ein wenig überschlagen, schüttet man ihn über die Schnitten, welche man bis zu dem Gebrauch 1. oder 2. Tage muß stehen lassen.

272) Einen Citronen-Guß zu machen.

Nimm schön rein gestoßenen Zucker in eine Schüssel, und den Saft von frischen Citronen; rühre den Zucker bis zur rechten Dicke, und machs auf Marcepan-Art.

273)

Art und Weise, den Zucker

273) **Einen Citronen-Guß oder Täfelein zu machen.**

Nimm rein gestossenen Zucker in ein irrdenes Pfännlein, setze es über die Kohlen, laß den Zucker wohl warm werden, bis er schier anhebt zu schmeltzen, rühre ihn mit einem Löffel; wann der Zucker wohl warm, so gießt man auch Citronen-Safft darunter bis zu der rechten Dicke, daß es fließt, darnach kan auch Marcepan, wann man will, dazu gegossen werden.

Die Citronen, wie auch die Surauch-Täfelein macht man auch auf diese Weise; über diß kan man auch Citronen-Schalen klein geschnitten darunter rühren.

274) **Zucker-Käß zu machen.**

Nimm 3. Pfund Zucker, wann du so viel machen willt, lautere ihn mit Rosenwasser, dann schneid so viel geschälte saubere Quitten zu 4. Theil. Wann der Zucker gesotten ist, daß er einen Faden giebt, so brocke die Quitten darunter, mach einen Stempfel von Holz, und stoffe die Quitten allezeit in der Pfannen, doch muß das Feuer nicht unter die Pfannen, sondern neben herum gemacht werden. Laß sie gemach sieden, nimm zuvor Quitten-Kernen in Rosenwasser geweichet, truck den Schleim sauber durch ein Tüchlein, und schneid Citronen-Schalen auf das kleineste. Wenn die Quitten schier genug gekocht sind, so thue 2. oder 3. Löffel voll von dem geweichten Quitten-Schleim und die geschnittene Citronen darunter, rühre sie wohl durcheinander, schütts in einen Käß-Topf oder anderen Model, und ziers mit Citronen-Rosen, roth oder weiß nach Wüllkühr.

275) **Eine andere Art, auffgeloffenen Zucker zu machen.**

Nimm das Weisse von einem versichert frisch gelegten Ey, klopf es, bis es lauter Schaum ist, alsdann

dann kan man nach und nach schönen weissen geläuterten Zucker darein rühren, und wenn der Taig von der Art ist, daß er sich wirken läßt, etwas von Citronen-Schalen, auch ein wenig Citronen-Saft darunter mischen, sodann mit Zucker alles wieder, doch nicht gar zur Genüge auswirken, und es aufrichten, nach Art der kleinen auf Oblatten gelegten und gebackenen Pastetlein, wie auch des aufgeloffenen Marcepans.

276) Spanischen Marcepan zu machen.

Nimm Citronat-Schnitz, schneids gleich und ein wenig lang, darnach Pomeranzen und Mandeln, schäle die leztern, und schneids klein, nimm geläuterten Zucker, lasse ihn wohl sieden, bis er dicklecht wird. Des geschnittenen wird eines so viel genommen als des andern, und in den gesottenen Zucker gethan, auch aufs Papier in Form eines Schiffleins geschüttet.

277) Zucker-Schnee zu machen.

Nimm Zucker, klopf ihn zwischen einem Papier, daß es nicht gar zu grosse Stücke giebt, thue ihn in eine mößinge Pfannen, giesse Wasser daran, doch nicht gar zu viel, daß der Zucker nur etwas naß wird, setze die Pfanne samt dem Zucker über die Kohlen, laß ihn wohl sieden, und schaume ihn ab. Alsdann nimm frisch Wasser in einen Becher, stosse den Kochlöffel-Stiel darein, darnach in den Zucker, aus dem Zucker wieder in das Wasser; streich mit dem Finger den Zucker von dem Löffel-Stiel, wann der Zucker davon gehet, daß er sich herunter streichen läßt, und sich ein wenig häuflet, so ist es genug. Zulezt muß man noch das Weisse von einem Ey dazu nehmen, und wenn man es ein wenig geklopft, so viel Zucker darunter rühren, bis es so dick ist als ein weisser Guß. So bald man den andern gesottenen Zucker von dem Feuer weg gethan, thut man den weissen

weissen gerührten Guß geschwind über ein anderes, macht Formen nach Wilkühr, und läßts hernach backen.

278) Den Zucker zum candiren zu machen.

Nimm Zucker, so viel du willt, klopf ihn zwischen Papier zu Stücklein, thue ihn in eine mößingene Pfannen, giesse Wasser daran, doch nicht zu viel, aber nur, daß der Zucker naß werde; setze ihn über die Kohlen, lasse ihn sieden, biß er anfangt ein wenig dick zu werden und zu schaumen. Darnach thut man ihn vom Feuer hinweg, schaumt in sauber ab, schüttet ihn in ein Geschirr, darein man die Sachen candiren will, läßt ihn ein wenig kalt werden und 24. Stunden stehen, dann nimmt man ihn heraus.

279) Citronen-Ringlein zu machen.

Nimm daß Weisse von einem frisch gelegten Ey, klopfe es wohl mit dem Saft von einer Citronen. Darauf nimmt man 1. Pfund weissen klein gesiebten Zucker; wenn alles wohl untereinander geklopfet ist, so thut man es in einen Mörser, und schüttet einen Löffel voll nach dem andern von gesiebtem Zucker darein, stoßt alles wohl durcheinander, biß es ein Taiglein abgiebt, daraus man Ringlein formiren kan. Zulezt muß man auch von geschnittenen Citronen-Schalen, aber gar klein, daran thun, und die Ringlein auf einem Papier in der Dorten-Pfannen kochen, so werden sie schön und gut.

180) Was besonder köstliches von Citronen und Quitten.

Nimm eine Citrone biß auf das Saure, siede sie fein weich, schäle sie sauber, und zerschneide sie biß auf das steinichte. Darauf vermischt man ½ Quitten und ein halb Pfund Citronen, gleich gewogen damit. Der Zucker darf weder gestossen noch geläutert, sondern nur zu kleinen Stücklein geschlagen seyn.

Vor-

zum Confect zu läutern.

Vorgenannte Stücke sammtlich stoßt man in einem Mörser wohl untereinander, läßt sie in einer mößingen Pfannen sieden bis zum gestehen. Leztlich schlägt mans auf ein sauberes Brett in die Ringlein, wie die Schaaf-Käßlein gemacht werden, 2. Finger hoch.

281) Das Confect zu weißnen.

Nimm von einem Ey den Klar, ein wenig des besten Rosenwassers schön weiß gesiebten Zucker, rühre den darein, bis es ein dückes Müßlein abgibt. Man muß es lang rühren, alles auf eine Seiten, bis es weiß genug zu seyn scheinet. Also kan man alle Gattungen des Confects weißnen.

282) Gewürz Muscheln zu machen.

Erstlich nimm 1. Pfund ungeschälte Mandeln, reib solche mit einem groben Tuch ab, stosse sie in einem Mörser groblecht; ferner nimm so viel Zucker, als Mandel, 2. Loth Zimmet, 1. Quintlein Muscatnuß, so viel Nägelein, 1. Loth Ingwer, von einer Citronen die Schalen klein geschnitzelt, und 2. frische Eyer. Ist es nicht genug genetzt, so nimm ein wenig Rosenwasser, rühre es wohl durcheinander, besäe die Mandeln mit Mehl, backs in einer Dorten-Pfanne oder in einem warmen Ofen, bis sie recht sind.

283) Mandeln zu überziehen.

Nimm Mandeln nach Belieben, schäle und stosse sie so rein als möglich ist, darauf kommt ein wenig Rosenwasser und Zucker darunter, bis man sie süß genug zu seyn glaubet.

284) Der Guß darzu.

Man nimmt Rosenwasser, so viel man zum Guß vonnöthen hat. Wenn man schön gesiebten Zucker darein gerührt, streicht man mit einem dicken Messer den genezten Zucker auf die Mandeln, und backts auf Brod-Art.

285) Citronen-Brod, so lang aufzubalten.

Erstlich nimmt man von dem besten Canari-Zucker 1. Pfund, stosset solchen rein, und siebt ihn, darauf schneidet man das Gelbe von einer Citrone ganz klein, wie Glasen-Spitzlein, das Weisse von 2. Eyern wird wohl geklopft, daß es Schaum giebt, dieser wird herab genommen und in einen Mörser gethan. Wenn man vermeynt den halben Eyerklar damit vermischt zu haben, so thut man die Schnitzlein darzu, aber nicht alle; der Zucker wird nicht alle genetzt, daß man zu dem Taig noch etwas hat, und zu diesem noch ein paar Tröpflein von Citronen-Saft trucken kan. Alles mus sehr wohl untereinander gestossen, und ein Löffel voll Zucker nach dem andern darein gethan werden, damit es so dick wird, daß man solches mit dem Zucker wirken kan. Hiebey aber ist zu beobachten, daß der Taig nicht zu dick seye, sonsten solcher nicht aufgehet. Zulezt macht man auf einen Bogen Papier kleine Bröcklein, wie eine Baumnuß, setzt 2. aneinander, backt sie in einer Dorten-Pfanne, und macht die Hitze nicht zu groß. Wann sie oben anfangen gelb zu werden, so sind sie genug gebacken.

286) Mandel Schnitten zu machen.

Erstlich werden rein gestossene Mandeln dazu genommen; damit vermischt man gestossenen Zucker, bis es süß genug ist, schlägt Eyer darunter, bis es dünn ist, und sich aufstreichen lässet. Alles zusammen streicht man auf das Schnitten-Brett, ohngefehr einen halben Finger dick, und bacht es im Schmalz. Ehe es vollkommen gebacken ist, streicht man das Brett mit dem Weissen von einem Ey, so wird es ein kostbares Confect.

287) Zucker Eiß in die Höhe zu machen.

Nimm schön rein gesiebten Zucker, auch Rosenwasser, mach ein dickes Taiglein daraus, daß es sich kaum

zum Confect zu läutern.

kaum giessen läßt. Dieses muß lang gerühret werden, dann je länger man es rühret, je schöner es wird. Man gießt es mit einem Löffel auf Marcepan, oder worauf man will, macht eine kleine Glut darunter, und siehet oft darzu, daß es nicht trocken werde. Wann mans gern braun hat, kan ein wenig Zimmet darunter genommen werden.

288) Quitten-Käß zu machen.

Nimm von Quitten den Saft, nebst 1. Maas geschälten und zu kleinen dünnen Schnitzlein geschnittenen Quitten auch 1. Pfund Zucker. Laß es sieden, bis die Quitten lind werden, alsdann vertreibs, wie eine Latwerge, gieß ein halb Maas Honig darein, der Zucker aber kan wegbleiben, sonst wird es zu süß. Wenn es genug gesotten, schneidet man eine Hand voll Mandeln der Länge nach, wirft sie darein, gießt es in eine Büchse, und so es kalt, gehet es heraus.

289) Quitten-Brod zu machen.

Nimm Quitten, schneide sie in 4. Theil, lege sie in siedend Wasser, siede sie, bis sie lind sind, alsdann truck das Mark durch ein häriges Sieb, nimm das Weisse von 2. Eyern, ein halb Pfund durchgetrucktes Quitten-Mark, und rein gestossenen Zucker, thue alles zusammen in einen Löffel, rühre es eine Stunde auf einer Seiten, nimm Hostien, schneide sie rund oder viereckigt, streiche sie darauf, dann setze alles zusammen vor einen warmen, aber nicht gar zu heissen Ofen, und laß es ein paar Tag austrocknen.

290) Mandel-Ringlein.

Nimm 1. Pfund geschälte und rein-gestossene Mandeln samt 1. Pfund Zucker, worzu Wasser gegossen wird. Man läßts sieden, bis es einen Faden giebt, thut die gestossene Mandeln in den Zucker, und bringt es ab auf einer Glut. Wenn sie kalt sind, stoßt

stoßt man sie im Mörser, und macht mit dem Weissen von Eyern einen Taig, den man wellen kan. Von dem gestossenen Zucker kan man behalten, und die Ringlein darauf legen.

291) Piscotten, oder Zucker-Brod zu machen.

Man nimmt 1. Pfund weissen Zucker, anderthalb Pfund des besten weissesten Mehls, 16. frische Eyer, Finchel, Anis, Coriander, Kirniß-Saamen, jedes 1. Loth, und rührt es 2. Stunden lang; dann schmieret man das Biech mit frischem Butter, schüttet es darein, setzet es in einen Backofen, der nicht zu heiß ist. So es kalt ist, so schneide es zu Schnitten, legs auf ein Sieb, laß es in der Stuben hart werden, oder thue auch ein wenig Brandtenwein darauf, so gehet es schön auf.

292) Eingemachte Nussen in Zucker oder Honig.

Erstlich nimm die Nüsse, wann sie in rechter Grösse, aber nur halb zeitig sind, beschneide sie wie Aepfel, daß die Schale davon kommt, lege sie in frisches Brunnenwasser, daß sie weiß bleiben, dann siede sie in einer mößingen Pfannen eine Weile, darauf in einem andern frischen Wasser noch mehr, aber ohne Salz. In das erste Wasser gehört eine Hand voll Salz, das anderemal lasse sie sieden, biß sie weich werden, dann lege sie auf ein Brett, aber nicht aufeinander. Nimm verzuckerte Citronen-Schnitten, mach daraus kleine ganz spizige Schnizlein, ganz spizig, und weiche sie; darnach eben so viel geläuterten Zucker. Wenn dieser anhebt gelblecht zu werden, so sied Nüsse allgemach in dem Zucker auf einer Glut, biß die Brühe dick wird, dann thue sie heraus, bis sie kalt sind, leg sie ein Glas oder Geschirr, und schütte die Brühe darüber.

293) Mandel-Ring zu machen.

Schäle und stosse gar rein 1. Pfund Mandeln, sied sodann 1. Pfund Zucker im Wasser, bis es pfurt, und

zum Confect zu läutern.

und truckne die Mandeln im Zucker ab über einer Glut, biß sie ganz ausgetrocknet, laß den Zucker auf Papier, dann stosse alles im Mörser, und mach mit dem Weissen von Eyern einen Taig, der sich wellen läßt. Von dem Zucker kan man etwas behalten, daß man damit auswellen kan, man backts in der Dorten-Pfannen.

294) Kleine Piscotten.
Nimm ein halb Pfund gestossenen Zucker, klopfe ihn eine Stunde lang, 5. Eyer, anderthalb Pfund Mehl, rühre es alles auf eine Seite, und thue, wann die Eyer ein wenig gerühret sind, das Mehl darunter: Alsdann nimmt man ein Löffelein voll nach dem andern, backts in guter Hitze; der Zucker, wann die Eyer gerühret sind, muß gleich darein gemischt, und eine ganze Stunde auf einer Seite gerührt werden. Darauf wird das Mehl darein gethan, so bald es glatt ist, nicht mehr gerühret und gebacken.

295) Quitten Latwergen.
Schneid 8. Quitten zu 4. Theil samt den Schalen, wasche sie zuvor sauber ab, schneid die Butzen daraus, daß noch ein Viertel bleibt, siede sie, trucks durch ein Tuch, nimm zu einem Quartel Wasser ein halb Pfund Zucker und etwas Citronen-Saft, sieds zur Genüge.

296) Von allerhand Obst von Quitten Taig.
Nimm ein halb Pfund rein gestossenen Zucker und 1. Vierling Quitten-Mark, wie zu den Zelten in Pfannen, trockne es auf einer Glut, lege es auf Papier oder ein Brett, das mit Zucker gesäet ist, laß erkälten, mach daraus, was dir beliebt, welle es, mach Bretzlen oder Früchten, laß es von ihm selbst trocknen in der Stuben, so ist es recht.

297) Köstliche Leckerlen.
Erstlich nimm zu einer Maas Honig 1. Pfund
Zu-

Zucker, Zimmet 4. Loth, Ingwer 3. Loth, Nägelein 1. Loth, Muscatnuß 1. Loth und Citronenblüth, so viel beliebt. Der Honig wird gesotten, und, wenn dieser siedet, der Zucker darein gethan, über den erstlich nur ein Wall gehen muß. Das Gewürz wird groblecht gestossen, und ebenfalls darein gemischt; man läßt es ein wenig überschlagen, rühret des besten weissen Mehls, das nicht gewirket seyn muß, darein, in der Dicke, wie ein starker Brod=Taig. Uebrigens macht man sie wie andere Leckerlen.

298) Andere Gattung von Leckerlen.

Dazu wird genommen ein halb Maas Honig, 1. Pfund Zucker, 2. Loth Zimmet, 2. Loth Muscatblüth, 2. Loth Ingwer, Citronen=Schalen nach Belieben. Der Honig wird abgeschaumt, der Zucker klein gestossen, das Gewürz ebenmäßig. Wenn man den Zucker in Honig gethan, und etliche Wall darüber gegangen, wird das Mehl darein gerühret, und wohl über dem Feuer geröstet, dann gewogen, und gemacht wie andere Leckerlen.

299) Gefüllte Hagenbutzen.

Säubere solche zuvor fein, siede sie in Zucker, wie oben stehet, allein sie müssen nicht gar klein voneinander geschnitten werden, daß man sie füllen kan. Wenn sie gesotten sind, werden sie erst gefüllt; dann hackt man gesäuberte Hagenbutzen aufs Kleineste, und mischt Rosenzucker darunter. Alsdann werden sie gefüllt, da dann die Butzen wieder zusammen gehen. Ein Gewürz=Nägelein steckt man vor ein Bützlein, und etwas von Zimmet vor einen Stiel; aber die Hagenbutzen darfen nicht zuweit aufgeschnitten werden, so fallen sie ehender zusammen.

300) Aufgeloffene Mandeln zu machen.

Zu einem Pfund schön gestossenen Mandeln gehört 3. Vierling rein gestossener weissen Zucker, und
von

zum Confect zu läutern.

von 2. Eyern das Weiſſe nebſt eines Ey groß geweichten Tragant. Dieſes alles wird wohl durcheinander geſtoſſen, und auf Papier in der Dorten-Pfannen gebacken.

301) **Wie das Obſt, oder die Früchten trocken einzumachen ſeyen.**

Nimm Amelen, Zwetſchgen oder Biren, keinige ſie ſauber, die Steine laß darinn, dann leg ſie in ein Geſchirr, und ſchütte friſch ſiedend Waſſer darüber. Wenn dieſes geſchehen, kehre ſie untereinander, lege ſie zwiſchen ein weiß Tuch, und verläutere den Zucker mit dem Weiſſen von einem Ey; man ſiedt ihn, bis er einen Faden giebt, und ſchüttet ihn ſodann über das Steinobſt, läßts aber über Nacht ſtehen. Darauf wird die Zucker-Brühe wieder geſotten wie zuvor, und ebenfalls darüber geſchüttet, und das zum drittenmal. Thue die Brühe auf ein Blech oder Zinn in einen Kaſten, lege ſodann das Blech auf Stänglein, eine Kohlpfannen dagegen, daß es trockne, oder laß es allgemach ſelbſten trocknen. Wann es aber ein Obſt iſt, als Quitten oder Biren, ſo muß zuvor Waſſer abgegoſſen werden, daß es durchſichtig wird, dann kann man erſt den beſten feinen Zucker darüber thun.

302) **Commiß-Brödtlein zu machen.**

Mann nimmt Eyer, ſo viel man machen will, und klopft ſie ſehr lang und wohl; zu einem Ey gehört 3. Loth Zucker und Gewürz, als Zimmet, Nägelein, Muſcatnuß, Ingwer, auch Anis und Fenchel. Alles dieſes wird klein und untereinander geſtoſſen, auch ſchönes weiſſes Mehl darein gerührt, bis es ziemlich dick iſt, daß es nicht mehr verlauft, dann backt man es in der Dorten-Pfanne auf Papier, und macht kleine Commis-Brödtlein daraus.

Art und Weise, den Zucker

303) Mandeln zu überzuckern.

Schäle süsse Mandeln in einem mößingen Becken, gieße gekochten Zucker darüber mit einem Löffel so viel, bis die Mandeln genug überzuckert sind; wenn man aber den Zucker über die Mandeln gießt, soll man das Becken immer rütteln, damit die Mandeln alle genug begossen werden, es muß auch unter dem Becken Glut seyn, damit sie besser umzogen werden, und der Zucker wohl trockne. Also werden die Haselnussen auch gleich den Mandeln gemacht.

304) Lebkuchen von Mandeln.

Die Mandeln werden klein gestossen, und wohl geläuterter Honig mit Rosenwasser abgekocht, darunter vermischt; wenn er recht kalt ist, so zerreibe die Mandeln damit zu einem Taig, aber nur nicht zu dürr. Man zerreibet einen guten Lebkuchen, den rühret und wirket man darein, biß er wird, daß man ihn wellen kan, dann wird der Lebkuchen-Model darauf gedruckt, und gestoffener Zimmet nebst geschnittenem Ingwer darein gethan, auch hin und her vergoldte Zucker-Mandeln und Zucker-Nägelein, mit Zimmet darunter gesteckt; die Zucker-Erbis aber muß man nicht eher darauf stellen, biß sie gebacken.

305) Mandel-Ringlein.

Nimm zu einem halb Pfund Zucker ein halb Pf. Mandeln, schäle und trockne sie ab, stosse sie rein, nimm das Weisse vom Ey darunter, schlags auf einem Teller zu einem Schaum, mische es unter die Mandeln, stosse sie, bis sie rein sind, dann koch den Zucker in einer Pfannen über dem Feuer, bis er ziemlich eingesotten, thue die gestossene Mandeln darein, lasse sie kochen, bis sie schier zu einem Taig werden, röste sie allgemach auf der Glut, jedoch muß zuweilen mit dem Löffel darein gerühret werden, damit sie nicht ansetzen. Das Anzeigen, daß sie genug gebacken

eken seyen, ist dieses: Man truckt 2. Finger in frisch
Wasser, und die nassen Finger auf den Taig, wenn
er nicht anklebet, und sich wellen lässet, so ists genug.
Zulezt thut man alles auf ein Teller, stellt es in den
Keller, läßts erkalten, dann sprenget man wiederum
Zucker auf ein Brett, wället es und machet Ringe.

306) **Das Obst frisch zu erhalten, als Pfersich, Biren,
Zwetschgen ꝛc.**

Erstlich nimm Bodaschen, die bey denen Fär-
bern zu finden, und ein Quintlein gemein Salz, thue
es in rein Bronnenwasser, laß 12. Stunde stehen;
wann das Wasser lau, thue das Obst darein, dann
legs wieder heraus auf ein Blatt, und wenn das
Obst von einander gespalten, auch die Steine davon
gethan sind, legt man es an die Sonne, und besprengts
mit rein gesiebtem Zucker. So er geschmolzen ist,
streuet man wieder andern Zucker darüber, bis das
Obst keinen Zucker mehr annimmt. Dann wird
das Obst recht getrocknet, die heraus genommene
Steine wieder hinein gethan, das Obst mit dickem
Gummi-Wasser wieder zugemacht, und alles zusammen in ein Schüsselein zwischen ausgetrocknete Blätter gelegt. Das Obst muß aber nicht überzeitig seyn.

307) **Mandel-Dorten.**

Erstlich nimm Amelen-Mehl, süssen Butter und
Eyer, davon mach einen hoch aufgerichteten Taig
in einer Dorten-Pfannen, laß den Taig rings herum an der Pfannen kleben, stupf den Boden mit
dem Spießlein, damit er nicht blatterigt werde; dann
schäle einige Mandeln, und stosse sie darein, giesse oft
ein wenig Rosenwasser darzu, daß die Mandeln im
Stossen nicht ölig werden. Darauf legt man die
gestoffene Mandeln in eine irrdene Schüssel, und thut
gesiebten Zucker darzu, von 12. Eyern gehört das
Gelbe darunter, sind sie aber klein, von 14. Stück.

Das Weiſſe aber wird in einer irrdenen Schüſſel mit einem Beſelein wohl zu einem Schaum geklopft, und der angemachte Taig von Mandeln gemächlich darein gerührt; wenn dieſer in den aufgerichteten Dorten-Hafen gethan iſt, ſtreuet man eine Hand voll Zucker darauf, legt den Deckel auf die Dorten-Pfannen, bis ſie aufgezogen iſt, bey ringer Glut.

308) Auffgeloffene Lebkuchen, wie Roſen, oder andere Mödel zu machen.

Nimm 1. Pfund rein geſtoſſene Mandel, und 1. Pfund angefeuchteten Zucker, kochs auf einem kleinen Kohlfeuer, bis es ſich von der Pfannen ſchälet, und laſſe es erkalten, dann thue wieder ſo ſchwer Zucker darunter, als der vorige und die erkaltete Mandeln wägen. Dieſes alles wird mit einem Weiſſen vom Ey im Mörſer ſo lang geſtoſſen, bis es zu einem rechten Taig wird, der ſich wällen läßt, dann wird er auf geſtoſſenen Zucker und Papier gelegt, in die Mödel getruckt, und alſo auf einem Brett im Ofen gebacken.

309) Doppelte Quitten-Zelten.

Nimm Quitten, waſche ſie ſauber ab, ſchneide ſie zu 4. oder 6. Theilen, die Kerne müſſen heraus, und Waſſer in einem Pfännlein über das Feuer geſetzt werden; die Schnitz läßt man in dem geſottenen Waſſer kochen, bis ſie weich ſind, ziehet die Schalen herunter, nimmt das Mark davon, bis es anhebt ſteinicht zu werden. Darauf ſpannet man ein Tuch über eine zinnerne Schüſſel, treibt das Mark mit einem Kochlöffel durch, nimmt noch ſo viel Zucker als Mark, läutert ihn wohl, und läßt ihn ſieden, bis er flieget. Zulezt wird der geſottene Zucker unter das Mark geſchüttet, alles wohl untereinander gerieben, und ſodann in die Form gethan.

310) Macronen zu machen.

Die Mandeln in einem Mörſer rein geſtoſſen, thue ſie in eine irrdene Schüſſel, rühre Eyerklar und Zucker darunter, bis es dick genug ſeyn mag; ſchütte ein wenig Roſenwaſſer darunter, thue es zuſammen auf Oblatten, und backe ſie in der Dorten-Pfannen.

311) Quitten-Latwergen.

Nimm 1. Pfund geriebenen Zucker-Saft, ein Pfund geriebene Quitten, 1. Pfund Zucker, und etwas von Citronen. Dieſes thue alles zuſammen in eine Pfannen, laß es kochen, wie die andere Latwergen. Hiebey aber iſt hauptſächlich dieſes zu bemerken, daß man mit den Quitten geſchwind umzugehen habe, damit ſie nicht roth werden.

312) Quitten-Zelten.

Die Quitten, wenn ſie entzwey geſchnitten, und die Kerne heraus gethan ſind, waſche ſauber, lege ſie zwiſchen 2. Tücher, daß das Waſſer ſauber davon kommt, und laſſe ſie taigig werden; alsdann ſpanne ein Tuch über eine tieffe Schüſſel, treib die Quitten durch, nimm 2. Loth von den durchgetriebenen Quitten, und 4. Loth Quitten-Mark, welches leztere aber durchgetruckt und in einer irrdenen Schüſſel zertühret werden muß. Zulezt nimm 12. Loth Zucker, läutere und laſſe ihn ſieden, ſchütte ihn alſo ſiedend in das Mark, und rühre es wohl untereinander, dann ſchütts in die Formen.

313) Etwas von Quitten.

Nimm Quitten, ſchäle ſie, machs zu kleinen Schnitzlein, gieſſe Roſenwaſſer daran, doch nicht zu viel, ſonſt wird gar viel Zucker erfordert. Darauf ſetze die Pfanne mit den Schnitzlein über das Kohlfeuer, laß ſie ſieden, bis ſie weich werden, ſchütts auf ein Sieb, daß ſie trocknen, ſtoſſe die Schnitzlein

lein in dem Mörser, vermische sie mit zuvor gestoßenem Zucker bis zur rechten Dicke. Endlich truckt man alles zusammen ein wenig aus, macht einen Taig, daß es sich läßt in die Formen trucken, da man es sodann zu einem warmen Ofen setzet, daß es trockne.

314) Mandel-Schmalz zu machen.

Nimm gestoßene Mandeln 2. Pfund, oder so viel du willt, stoße sie nicht gar klein; sind sie ein wenig gestoßen, so lese sie aus, was ganz ist, muß noch einmal ein wenig gestoßen werden. Von Mandeln und gestoßenem Zucker wird gleiches Gewicht genommen, und etwas von schönem Tragant in Rosenwasser eingeweicht. Zu anderthalb Pfund Mandeln gehört so viel Zucker, und ohngefähr 1. Loth Tragant, rühre den Zucker, sammt den Mandeln in dem eingeweichten Tragant wie einen Taig, mache eine Dorten-Pfanne heiß, nimm das Blatt heraus, wenn es wohl heiß ist, so lege ein Stück vom Taig darauf, aber nicht viel, dann es scheidt voneinander, stells weiter in die Dorten-Pfannen, thue unten und oben Glut darauf, schaue oft darnach, kehrs mit einem eisernen Löffel um, es ist bald gebacken, und sehr gut.

315) Blauen Violen-Saft.

Nimm blaue recht gezopfte Violen, stoße sie in einem Mörser ganz klein, lautere den Zucker, thue die Violen darein, lasse sie einen Sud thun, und rühre alles zusammen wohl durcheinander. Wenn dieses geschehen, so schütte den Saft wieder in eine Pfanne, thue noch ein wenig Zucker daran, lasse ihn sieden, so bleibt er beständig.

316) Ein Gebackenes zum Trunk vom Zucker.

Nimm Eyerklar, thue Rosen- oder Bisam-Wasser daran, auch schönen weissen Zucker, nach Proportion

zum Confect zu läutern.

portion des Taigs. Formire es, wie du willt, backs in einer Dorten-Pfanne, so ist es trefflich gut.

317) Pomeranzen und Citronen einzumachen.

Nimm schöne frische Pomeranzen, die schneide Sternenweis, der innere Aepfel soll ganz unversehrt seyn und verbleiben. Löse die Schniz aus, bis aufs Mark, doch sollen mit diesem Herausschneiden die Schnitt unten am Aepfel bleiben. Thue sie in ein tiefes Geschirr, und frisch Bronnenwasser darüber, beschwere sie, damit sie nicht oben schwimmen, decks wohl zu, laß sie an einem warmen Ort stehen, wie zuvor; alsdann thue sie mit einander in einen gelösten Hafen wohl vermacht, stelle solchen zum Feuer, weit mit der Glut umgeben; lasse sie gemach anheben sieden, und so durchaus, bis sie anfangen lind zu werden, dann kan mans heraus nehmen, damit man nicht ein Zeichen abstosse. Ferner leg sie auf ein Tuch, thue sie in eine weite Pfanne, daß eine Pomeranz nach der andern liegen kan, am besten ist es mit dem Kochlöffel auf der Glut. Zu 3. Aepfeln nimmt man 1. Pfund des allerbesten Zuckers, sind sie groß, so kan man 5. Vierling, und Wasser genug darzu nehmen; hast du aber Mangel an Wasser von Aepfeln, so siede frisch Brunnen-Wasser, bis die Brühe blau aussiehet. Alsdann leg die Aepfeln in ein Geschirr, beschwers und lasse sie ein oder zwey Tage stehen. So die Brühe dünn ist, so siede sie wieder, und dieses zum drittenmal. Die Aepfel müssen gar gemächlich gesotten, und allzeit so aufbehalten werden, daß die Brühe darüber stehet.

318) Citronen-Schnitten.

Mache einen guten Marcepan-Taig, und formire Schnitten wie Weisbrodt-Schnitten, richts neben herum ein wenig auf, backs in einer Dorten-Pfannen, laß kalt werden. Nimm Citronen, schneide die

die gelbe Schalen sehr klein, wie zu den Quitten-Zelten; Ferner das innere Mark von denen Citronen, thue das Weisse sauber davon, hacke das Mark klein, lege gestossenen Zucker und die obgemeldte Citronen-Schalen darunter, streue sie auf obbesagte Schnitten, aber nicht gar an den Rand, laß den Zucker sieden, biß daß er einen Faden gibt; wenn er ein wenig überschlagen, so schütte alles über die Schnitten, lasse sie 1. oder 2. Tage stehen, sie werden sehr köstlich.

319) Zucker-Brod.

Nimm 1. Pfund schön Mehl, 1. Pfund Zucker, und 5. Eyer, klopfe sie gar wohl, darnach rühre das Mehl unter den Zucker, schütts darnach mitteinander in ein Blech oder in ein Papier, schmiere das Blech zuvor mit Butter, backs in einem Backofen, stelle es über Nacht in einen Keller, alsdann schneide es zu Schnitten.

320) Erdbeer-Latwerg.

Ueber Erdbeer, die nicht gar weich und zeitig sind, gießt man etwas von Wasser, und läßts 3. ganze Tage in einem gelößten Geschirr, das in der Nacht aufgedeckt, Tags aber zugedeckt in die Sonne gestellt wird, stehen. Man siedet sie so lang als hart gesottene Eyer, schlägts durch ein Tuch, so zart ist, schüttet sie in eine mößinge Pfanne, thut zweymal des allerbest gerührten Zuckers daran, läßt einen Wall darüber gehen, doch, daß sie nicht anbrennen, sodann wird sie in die Laden gegossen.

321) Aepfel trocken einzumachen.

Schäle die Aepfel, schneide sie durch, lege sie auf ein Sieb, und setz das Sieb auf einen Kessel siedigen Wassers, daß sie von dem Dampf weich werden, deck sie mit weissem Tuch zu, lege die Aepfel in einen

einen Hafen, und läutere den Zucker, doch nicht zu dick, lasse sie kalt werden, und schütt den Zucker über die Aepfel. Wenn sie trocken sind, muß man den Zucker wieder abschütten, und noch einmal sieden lassen, als welches leztere dreymal geschehen muß. Zum drittenmal läßt man die Aepfel mit dem Zucker sieden, und sie wiederum eine Tag und eine Nacht daran stehen, darnach seihet man den Zucker durch ein reines Sieb, aber nicht zu dick, legt die Aepfel darauf, und seihet noch einmal durch ein Sieb Zucker darüber. Man läßt sie auf dem warmen Ofen trocken werden, und kehrt sie zuweilen um, sie bleiben Jahr und Tage köstlich.

322) Rosen-Julep vor die Hitz, und Kranke.

Nimm gutes Rosenwasser und vom besten Zucker jedes 1. Pfund, 2. oder 3. frische Eyer, klopf das Weisse stark davon, und thue es unter das Rosenwasser; dann mische den Zucker darein, und setz es allererst über das Feuer, verschaum es recht sauber, und laß es kochen wie einen andern Syrup.

323) Confect blau zu färben.

Nimm blaue Violen, stoß und trucks wohl aus, weiche den Tragant mit dem Violen-Saft, laß ihn trocken werden, binds sodann in einer Blasen aber fest zu. Wenn man etwas blau von Zuckerwerk färben will, so weicht man etwas davon ein; will man aber eine rothe Farbe haben, so nimmt man aus getruckte Kornblumen.

324) Ein Oesterreichischer Lebkuchen.

Nimm 1. Pfund schneeweis Mehl, 5. Vierling schönen Zucker, 1. Pfund trockene und kleingehakte Citronen-Schalen, 16. Loth Zimmet, 2. Loth Ingwer und 2. Loth Muscatnuß. Das Gewürz muß gröblecht geschnitten seyn, wenn alles bey einander ist

ist, muß mans durcheinander mischen, und Eyerdotter zur Genüge dazu nehmen. Zuletzt kan man noch 2. Eyerklar, einen Rahn und etwas von Citronen-Saft darunter trucken.

325) Weixlen und Amelen einzumachen.

So sie wohl zeitig, schneid die Stengel halb ab, gieß geläuterten Zucker und Honig darüber. Sie werden stark beschwehrt, der Zucker auch oft abgesotten, und bald wieder darüber gegossen, daß er wohl darüber gehet, sonsten wird der Zucker sauer, und die Amelen grümpfig.

326) Rosen-Honig.

Zu einem Pfund Rosen gehört 3. Maas gesotten Wasser, dieses läßt man 3. Nacht darüber stehen, darnach wird es ausgepreßt. Man thut wiederum 1. Pfund Rosen daran, und das zum drittenmal, siede mit Honig ab, und kan es übrigens nach Art des Violen-Safts tractiren.

327) Runde Zucker-Brödlein.

Man nimmt 10. wohl geklopfte Eyer, und sodann 1. Pfund rein gestossenen Zucker; beedes läßt man eine ganze Stunde rühren; dann werden vom weissesten Mehl 30. Loth genommen; dieses aber muß man bey kaltem Wetter wärmen, und darein rühren, sodann werden mit einem runden Löffel die Brödlein formiret, das Blech oder Dorten-Pfanne mit Blech gerieben; so wohl unten aber als oben muß Glut darzu gethan werden, so backen sie.

328) Pisquitten zu machen.

Erstlich auf ein Pfund Zucker gehören 3. Vierling Stärkmehl und 3. Eyer, wovon die Schalen hinweg gethan werden müssen. Klopf die Eyer auf der Seiten eine Viertelstunde, hernach thue den Zucker darein, laß 2. Pfund Stärkmehl darein rühren,

ren, so ist der Taig hartig. Man kan es backen auf Papier, oder in einem Dorten=Model.

329) Mandel=Milch.

Nimm eine Handvoll Mandeln, solche werden ungeschält in einen Mörser gethan und gestossen. Willt du die Milch dick oder dünn haben, so giesse Wasser nach Proportion daran, reib es mit dem Stössel im Mörser wohl durcheinander, seihe es durch ein zartes Tuch, so kanst du sie gleich trinken. Ist die beste Medicin dererjenigen, die im Trunk excediren.

330) Gebackene Mandeln.

Nimm so viel Zucker als Mehl, auch so viel gestossene Mandeln, so abgezogen, und feuchte es mit dem Weissen vom Ey an. Im Stossen nehme Zimmet, so viel beliebig, und mach mit Eyern ein Taiglein, wirks ziemlich wohl aus, daß man die Mandeln in die Model trucken kan; backs langsam im Schmalz, so werden sie schön gelb und gut.

331) Köstliche Zimmet=Sulz.

Auf 2. Schüsselein nimmt man 6½ Loth frische Hausblasen klein geschnitten, thut sie in ein mössinges Pfännlein, schüttet frisch Wasser daran, daß etwas darüber gehet; läßts allgemach auf einem Glütlein vergehen, rühret immer mit einem hölzernen Spahtel selbige von dem Boden auf, daß sie nicht ansitzen. Wenn solche vergangen, seihe es durch ein starkes Tüchlein, und laß bestehen, den andern Tag darauf nimmt man in einem grossen Krug ein wohl gemessenes Pfund Wasser, (ist schon ein abgeeichtes Geschirr vorhanden) auch so viel des besten weissen Weins, halb so viel weissen Weinessig und eben so viel frisch gemolckene Milch, 2. Loth Zimmet zu kleinen Stücklein zerbrochen, und etlich grob gestossene Pfeffer=Kernlein, aber dieselbe in ein hartes Tüchlein

lein gebunden. So dann wird ein wohl gewogenes Pfund Canari=Zucker klein zerschlagen in den Krug gethan, und eine Stunde lang mit einem saubern Kochlöffel gemach umgerührt, hernach läßt man es wohl verbunden über Nacht in einem kühlen Ort stehen, am Morgen aber durch ein wollenes Tuch ganz gemach drey oder viermal lauffen, bis es ganz hell lauft, dieses gießt man in eine saubere mößinge Pfannen, und läßts es stark unter einander erhitzen, aber nicht gar sieden. Sodann werden die Haußblasen, nachdem man sie wiederum wohl untereinander erhitzen lassen, zerschnitten darein gelegt, 3. oder 4. Löffel voll Zimmet=Geist darein gegossen, da er dann sogleich mit Tellern zugedeckt wird. Den halben Theil färbt man mit spanischen Fläcklein, oder anderer Farb. NB. Der halbe Theil, so roth werden soll, muß in der Pfannen gelassen, und die rothe Farb daran geschüttet werden; an die Farbe gehört ein Bröklein von der zerschnittenen Haußblasen, sonsten würde die Farbe zu schwach, dann läßt man sie auch in Schüsselein, gleich der Weissen, an einem kalten Ort stehen, hernach wird sie zerschnitten und aufgesezt.

Ist schön wie Glas, kan gewürfelt geschnitten, und der ausgeschnittene Namen oder Wappen in der Weissen mit der rothen ausgefüllt werden.

Wilt du andere Farben haben, nimm sie aus dem Confect=Buch, es lassen sich etliche finden.

332) Eine andere schöne Sulz.

Daß man die blau gesottene Forellen oder Grundlen, wann sie darein gelegt und übergossen werden, dadurch, als durch ein Glas schwimmend sehe.

Auf eine Schüssel nimm eine halbe Maas guten Wein, und ein Viertel guten Eßig, giesse es zusammen

zum Confect zu läutern.

men in einen neuen Hafen, und lasse es sieden. Darauf lege einen Vierling ganzen Zucker darein, und wirf, wann es gar kurz gesotten, eine Hand voll zerbrochenen Zimmet darein. Ist es noch ein wenig gesotten, aber nicht lang, (sonst macht der Zimmet es bitter,) so thue es von dem Feuer. Wenn er aber noch fast im Sud ist, so wirf von einer Citronen die Schalen langlecht geschnitten, und ganz klein darein, deck den Hafen gleich wieder zu, damit die Sulz einen guten Geruch bekommt. Weil die Sulz siedet, muß man 4. Loth zerschnittene Haußblasen zergehen lassen, die Sulz sauber durch ein wollenes Tuch seihen, desgleichen auch die Hausblasen durch ein leeres Tuch. Diese beede Stücke gesiehen zusammen geschüttet, wann sie gestanden, so legt man die vorher blau abgesottene Forellen oder Gründlen darauf, macht einen bleichen Reiff auf die Schüssel, vermacht aussenher solchen wohl mit einem schlechten Taig, daß er nicht weichen und die Sulz nicht auslauffen kan. Giesse sodann die übrige Sulz laulecht daran, welche alle mit rothen Flecklein gefärbet werden muß. Die Sulz muß nicht über die Fisch ausgehen, sondern dieselbe müssen einen halben Finger breit noch ausserhalb der Sulz gesehen werden. Dieses läßt man über Nacht stehen, am Morgen thut man den Raif hinweg samt dem Taig, schneidt fünf oder sechsmal, wie bey denen Dorten, darein, und dieses rund um; schneid aus einer Pomeranzen 6. Spältlein, legs in diese Schnitt, in diese Pomeranzen-Spältlein stekt man Citronen-Schalen, in Form geschnitten, wie Laub, damit der Raif bedeckt seye. So legt man auch zarte Citronen-Schaalen aller Orten darzwischen, wann eine übrige Sulz da ist, gehackt, und um diese Blättlein gelegt, damit gezieret, und die Schüssel völlig überlegt, so ist es eine schöne und gute Sulz.

333) Brod-Torten.

Man nimmt 4. Loth Mandel und 5. Loth schwarz Roggen-Brod, beede gerieben, auch 6. Loth Zucker, 3. Quintlein Zimmet, 2. Quintlein Nägelen, und 6. Eyer. Hernach dieses alles nicht klein gestossen, wird unter einander gemischt, dann ein Ey nach dem andern darein geschlagen, und eine gute halbe Stunde gerühret; der Torten-Model wird mit Schmalz geschmieret, der Taig darein gegossen, und fein langsam heraus gebacken.

334) Weisse Zucker-Leckerlen.

Zu einem Pfund durchgesiebten Zucker nimm 4. Eyer, so wohl zerklopft sind, alsdann thue erst den Zucker darein, und rühre es ziemlich lang, daß der Taig ganz dick und weiß wird; darauf wird 1. Loth Zimmet und 1. Loth Nägelein, klein gestossen, ein wenig Ingwer, und von einer ganzen Citronen die Schalen klein gewürfelt, darein gethan. Dann nimm ein Pfund vom schönsten Mehl, wirks und trucks in die Model, machs nicht so gar dick, schneids gerad ab, die Schnitzlein richte mit Wasser wieder auf, trucks auch aus, laß über Nacht auf dem Blech stehen, hernach backs schön.

335) Maul-Täschlein.

Zu 1. Pfund Zucker nimm 16. Eyer, verklopf sie wohl, daß sie schaumen, darnach thue den Zucker darein, rühre es eine Stunde, daß der Taig schön weiß und dick wird; alsdann thue eines darein nach Belieben, wenig oder viel, und 1. Pfund Mehl vom schönsten, dann rühre nicht lang mehr. Wann das Mehl darinnen, alsdann setz es auf, und laß es schön backen. Wenn die Eyer ziemlich groß, daß mit dem Pfund Mehl der Taig nicht genug wäre,

zum Confect zu läutern.

so nimm noch mehr anderes Mehl darein, dann sonst würde der Taig nur blatterigt.

336) Quitten=Sulz.

Nimm so viel Quitten, nachdem du vil machen willt, reibe sie auf dem Riebeisen, und dann schütte guten Wein darüber. Seihe es durch ein Tuch, thue den Saft in ein mößingnes Pfännlein, nimm so viel Zucker darein, daß es süß genug ist, thue die Kern aus den Quitten, und gleich darein, dann die Kerne müssen die Sulz geben. Laß sie wohl einsieden, bis daß sie dicklecht ist, seihe sie wieder durch ein Tüchlein; dann kanst du die Quitten, welche schon im Wasser lind gesotten, geschält, und in der Mitten voneinander geschnitten, nach Belieben mit Nägelen, Zimmet und Citronen=Schalen bestecken, und noch ein wenig in der Sulz sieden lassen, so werden sie desto kräftiger, dann richts in ein Zinn ein, und laß die Sulz gestehen.

337) Muscazin=Dorten.

Nimm zu einer Dorten anderthalb Pfund Mandeln, 3. Vierling Zucker, 1. Loth Zimmet, und so viel Nägelen, auch 1. Loth Muscatblüth und Muscatnuß, desgleichen geschnittene Citronen. Das Gewürz und Mandeln muß alles grob gestossen werden wie zu den Muscazenlein, der Zucker muß gesiebet seyn, alles zusammen, und man nimmt so viel Eyerdotter darunter, bis der Taig beysammen bleibt, welle solchen aus, bestreich eine stürzene Dorten=Schüssel mit weissem Wachs, thue es darauf, mache einen gezwickten Ranst darum, backs im Ofen, bestreue es mit Zucker, so ist sie fertig.

338) Muscazenlein.

Zu 1. Pfund Mandeln nimm 1. Pfund Zucker, ein halb Loth Nägelen, eben so viel Zimmet, 1. Loth Muscatnuß, eine Citrone und 2. Eyer, stosse die Mandeln

deln unabgezogen, zerklopfe die 2. Eyer stark, mache die Mandeln mit an, thue das Gewürz und die Citronen auch gleich darein, auch 3. Vierling Zucker, den 4ten Vierling behalte zum Aushacken, formire den Taig in die Model, legs auf Oblaten und auf ein Blech, backs im Ofen.

339) Mandel Dorten.

Nimm gestoßene Mandeln, so viel du willt, aber stoße sie nicht zu naß, alsdann nimm Eyer, (zu 2. Pfund Mandeln nimm 26. Eyer) den Eyerklar allein, schwing denselben mit einem Beselein, bis er einen ganz leichten Schaum giebt, alsdann rühre zu 2. Pfund Mandeln mit 16. gelben Eyern die Mandeln ein wenig an, und rühre gleich den Schaum aller, bis ohngefähr von 4. Eyern darein, thue zwey Vierling zart gesiebten Zucker darunter, alsdann gießt man den halben Theil in zwey Eck des Models, in den andern halben Theil thut man anderthalb Loth zart gesiebten Zimmet, ein halb Quintlein Nägelen, ttem dritthalb Quintlein groß gestoßene Muscatblüth, sie müssen grob gestoßen seyn: Item einen Vierling Zucker, und das übrige Eyerklar-Schaum, gieß solches in die übrige halbe Seite des Models, so bald beede Theile in den Model gegossen, so nimmt man die Schindel heraus, schüttet den Model, bis er aller Orten gleich ist, und backt solche wenigstens eine Stunde; ist sie gebacken, thue sie in ein Zinn unter über sich heraus, ist sie kalt, bestreich sie mit weissem Zucker-Eis, wann solches gestanden, so macht man darauf von Laubwerk grün, gelb, roth unter einander. Die grüne Farbe mach mit zerstoßenem Mangold oder Benetsch-Kraut-Saft, die gelbe mit Safran, in ein wenig Zimmetwasser geweicht, die rothe mit spanischen Flecklen-Wasser. Man braucht etwan von jedem einen Fingerhut voll Farb, oder nicht so viel vor eine Dorten. Darauf nimmt

zum Confect zu läutern.

man von der grünen Zwespen-Sulz so viel Zucker, läutert ihn mit ein wenig Wasser über dem Feuer, er muß aber nicht spinnen, sondern nur hell gesotten werden, alsdann rühret man das grüne darein, und siedt es mit beständigem rühren ob dem Feuer, bis es sich giessen läßt, da man dann ein solches geschwind siedend auf das giesset, was grün angestrichen. Es müssen zwey giessen, damit es nicht gestehet, die gelbe und rothe Farbe kocht man gleichfalls, das gelbe von den Marillen, das rothe von den Aepfeln, das rothe muß aber mit Flecklen im Wasser roth gefärbt werden, worinn man den Zucker zu den Aepfeln läutert. Wenn man solche gegossene Sachen lang aufhebt, so verlieren sie ein wenig den Glanz. Will man sie aufstellen, so klopft man ein wenig Eyerklar, bestreicht solche mit einem hellen Wässerlein, so unter dem Schaum hervorkommt, so ist es wieder schön, vor dem Staub muß es wohl bewahret werden.

340) Mandeln Maultaschen.

Ein halb Pfund Mandeln wird abgezogen und ganz klein gestossen, doch daß sie nicht öhlig werden, hernach in einer Schüssel mit 10. oder 11. Eyerdottern gerühret. Zulezt werden 2 ganze Eyer darein gethan, gezuckert nach Belieben, hernach ein ganz mürbes Taiglein mit Butter und Wasser gemacht, ausgewällt etwa ein Messerrucken dick; mit dem Kräpflein rädle vierecklgte Blättlein geschnitten, einer grossen Hand breit und lang, von voriger Fülle gefüllet, viereckigt übereinander geschlagen, und im Ofen gebacken.

341) Gebackene Mandeln.

Nimm so viel Zucker als Mehl, auch so viel Mandeln, ziehe solche ab, und feuchte sie mit dem Weissen von Eyern an. Zimmet nimmt man nach Belieben, macht ein Taiglein mit Eyern an, wirkts ziemlich wohl aus, daß man die Mandeln mit dem Model austrucken kan, backts langsam im Schmalz schön geib, so werden sie zum speisen sehr gut.

342) Mayen-Mueß.

Das Weisse von zwen Eyern giebt eine grosse Blatten voll. Nimm ein klein Löffelein voll des allerschönsten Mehls und Milch, mach ein Kinds-Mueß daraus, dann schütts in eine saubere hölzerne Schüssel, laß wohl erkalten, rührs, daß es fein zart wird, rühre frischen Butter darunter, bis daß der Butter vorschlägt, aber doch nicht zu viel. Man kan nicht zu wohl rühren, je länger man rühret, je schöner es wird, und so läßt man ein Stück neuen Butter in einem saubern Pfännlein zergehen, so wirds wieder recht. Leztlich thue Rosenwasser und Zucker darein, aber des erstern nicht zu viel, dann legs nach Belieben.

343) Quitten-Leckerlen mit Zucker zu machen.

Erstlich siede die Quitten in einem Hafen mit frischem Wasser, bis sie aufspringen, schäle und schabe sie mit einem Messer, wärms bis auf den Butzen, und treibs durch einen blechenen Seiher, trückne sie auf dem Feuer in einer mössenen Pfannen so lang bis sie braun werden, und der Zucker geläutert ist, biß er spinnet. Zu 1. Pfund Quitten gehören 5. Vierting Zucker, welcher in mössenen Pfannen mit einem Kochlöffel im Wasser zuvor geläutert werden muß, alsdann thut man das Quitten-Mueß darein, und läßts an einander sieden wie eine Latwergen, aber nicht lang; in einer glasirten Schüssel läßt es sich aufheben so lang man will.

Macht man solche im Winter, so müssen sie, um solche abzutroknen, weder unter noch auf den Ofen gelegt, sondern nur auf Papier in dem Zimmer aufbehalten werden, bis sie trocknen.

Sommers-Zeit werden sie nicht an der Sonnen, sondern nur an der Luft getrocknet.

344) Eine Fasten-Suppen.

Nimm durchtriebene Erbsen-Suppen mit Mehl eingebrannt, Pfeffer, Ingwer, Muscatnuß; darauf werden Krebs, Schnecken, Fischleber, auch Butter-Knöpflein, und Morchen abgesotten, und die Suppe also aufgestellt.

345) Eine andere Art von Fasten-Suppen.

Nimm gesottenen Karpfen-Rogen, lege solchen auf gebähete Semmelschnitten in eine Schüssel, schneide gesottene Schnecken klein, lege ausgelößte Krebsschwänze und Scheeren darauf, giesse eine Krebs-Brühe darüber, thue Butter und Gewürz daran, und lasse es einen guten Sud thun.

346) Schnecken-Suppen.

Nimm wohl gepuzte und klein gehackte Schnecken, dann thue in ein Geschirr ein Stück Butter, wann er zergangen, so rösche einen Löffel voll Semmel-Brosamen, daß die Suppe schön gelb wird. Schütte sodann die gehackte Schnecken darein, rühre sie wohl untereinander, und würze sie mit ein wenig Safran, da dann auch etwas von Erbis-Brühe daran geschüttet werden kan. NB Zuvor muß ein Zwibel im Schmalz geröstet, aber wieder davon abgeseihet werden; lasse eine Zeitlang an den Schnecken sieden, salze sie, und richts über gebähte Schnitten an.

347) Eine Bier-Suppen.

Laß das Schmalz heiß werden, röste Brodbröcklein und 1. Löffel voll Mehl untereinander, zerklopfe 2. oder 3. Eyer nach Proportion der zu machenden Suppen rühre eine gute Milch darunter, schütte sie zu dem Gerösten in das Pfännlein, rühre es immer um und laß sieden, alsdann thue erst ein wenig Bier und noch ein Stücklein Butter darein, laß noch ein wenig sieden, thue ein wenig Salz daran, oben auf aber Zimmet, richts über die Bröcklein an.

348) Eine Calecutische Suppen.

Nimm eine gute Milch, laß sieden, nimm auch ein wenig mehr Milchram, dann Milch gewesen, thue unter den Milchrahm ein wenig Watzenmehl, rühre es wohl, und wann die Milch siedet, so gieß den Milchrahm darein, und laß untereinander sieden; darnach nimm weiß Brod, schneide es würflecht, röste es wohl im Schmalz, lege es in die Schüssel, und schütte die Suppe darüber.

349) Eine Dotter Suppen.

Nimm von etlichen Eyern das Gelbe, säe ein klein wenig Mehl darauf, und verklopfe es wohl mit Wasser. Laß darauf etwas Butter zergehen, gieß dieses darein, laß es sieden, rühre es unter dem Sud immer um, und schütte ein wenig Wein darein, laß sodann nicht mehr lang sieden, sonst scheidet es sich.

350) Eine Eyer Strützel-Suppen.

Zerklopfe etliche Eyer, nimm Wasser darzu, lasse Butter zergehen, brenne 1. oder 2. Löffel voll Mehl, giesse die Suppen darein, und lasse sie sieden. Ist ein wenig gut Gewürz daran gethan, so kann man sie über gebähte Schnitten anrichten.

351) Eine Fisch Rogen Suppe.

Nimm einen gesottenen Fisch-Rogen, zerreibe denselben, und laß ihn in einer Erbsenbrühe siedend werden, thue gut und scharffes Gewürz dazu, wirf auch zulezt ein Stücklein Butter hinein, und richte es über gebähtes Brod an.

352) Eine Haber-Mehl-Suppe.

Das Habermehl wird im Schmalz schön klar geröst,

zum Confect zu läutern.

rößt, darauf im Waſſer wohl aufgeſotten, durchgezwungen, man läßt es ſodann ſieden, und wirft Muſcatenblüth darein, indeſſen zerklopft man einen Eyerdotter, rührt ſelbigen mit der Brühe, wenn zuvor ein Stück Butter darinn zergangen, und richt es dann über würflechtgeſchnittenes Brod an, auf ſolche Art iſt es gut.

353) **Eine ſaure Milch-Rahm-Suppen.**

Nimm 2. oder 3. Eyer, rühre es mit etlichen Löffeln voll ſauren Milch-Rahm an, thue einen Löffel voll ſchön Mehl und gute Milch nach Proportion darein: Wenn ſie geſotten und ein wenig geſalzen iſt, richtet man ſie über ungeröſte oder geröſte Bröcklein an. Oben darauf kan man ſie mit Zimmet beſtreuen.

354) **Eine welſche Waſſer-Suppe.**

Schneide Wecken ein, wie zu einer Suppe von ſchwarzem Brod, ſalze ſie, und ſchütte ſiedend Waſſer darüber, doch nicht zuviel, damit die Suppe noch ganz dick bleibe, laſſe es auf einem Kohlfeuer aufkochen, thue Schmalz in ein Stollhäfelein; wenn es heiß, ſo ſtreue ein wenig Mehl darein, röſte es gelb, laß klein geſchnittene Zwiebeln, Lauch, Peterſilien-Kraut auch mit abdämpfen, ſchütte ſodann noch ſo viel Waſſer, als der Suppe abgehet, an das Abgedämpfte, und, wann es eine Zeitlang geſotten, ſo verklopfe 1. oder 2. Eyer, nachdeme du viel Suppen haſt, rühre ſie unter das Abgedämpfte; richte all dieſes über die Suppe an, ſchmelze ſie oben darauf mit heiſſem Schmalz, worinnen ein wenig Brod-Broſamen gelb gemacht; ſo iſt die Suppe recht und gut.

355) **Eine Sardellen-Suppe.**

Waſche die Sardellen vorderiſt im Waſſer, ſiede ſie ſodann mit einer Schnitten gebäheten Brods im Wein, treibe ſie in einem Seiher durch, darauf begieße ſie mit noch ein wenig Wein, und würze ſie mit

Pfeffer, Ingwer und Muscatblüth. Wann dieses geschehen, so thue ein Stück Butter daran, und richte die Suppe an über gebähetes oder würflecht geschnittenes und in Butter geröstetes Brod, und streue zulezt kleinzerschnittene Citronen-Schaalen darauf.

356) Eine weisse Potage von Zwiebeln.

Scheele 2. bis 3. Dutzend Zwiebeln von mittelmäßiger Grösse, blanschire selbige, und, nachdem du sie wohl austropfen lassen, thue sie in einen kleinen Hafen, und koche sie in einer guten Brühe. Mach alsdann auf folgende Weise ein weisses Coulis: Stosse nemlich 4. Loth gescheelte süsse Mandeln in einem Mörsel, benetze sie aber bisweilen mit Milch, thue das Gelbe von 3. biß 4. hartgesottenen Eyern nebst etwas in Brühe geweichtem Semmel dazu, schlage alsdann selbiges mit 3. Kochlöffel voll guter Brühe durch ein Haarsieb auf eine Schüssel, und halte alles in einem kleinen Hafen warm, lasse ferner Semmel-Rinden in der Zwiebelbrühe aufschwellen, belege den Rand der Schüssel mit einer Reihe Zwiebeln, und in der Mitte ein kleines Brod, richte alsdann das weisse Coulis warm darüber an.

357) Eine Potage von gefüllten Karpfen.

Nimm Karpfenfleisch, Trüffeln, Champignons, gute Kräuter und feines Gewürz, laß alles zusammen mit Butter und ein wenig klarer Puree (das ist Bohnen- oder Erbsenbrühe) in einer Casserole kochen, hernach laß Semmelschnitten- oder Rinden in einer Fisch- oder durchgetriebenen Erbsenbrühe aufschwellen, besetze sie mit dem Gehäck, und den Rand der Schüssel mit gebackenen Artischocken-Böden oder mit gebackenen Champignons, auch, wann du wilt, nur mit gebackenen Semmel-Rinden.

358) Eine Aal-Potage.

Nimm einen schönen Aal, ziehe selbigen ab,

zum Confect zu läutern.

schneide ihn in länglichte Stücke, ziere selbige braun mit gutem Gewürz und feinen Kräutern in einer Casserole, thue sie alsdann mit einer guten Fischbrühe in einen Hafen, und lasse alles zusammen wohl kochen. Hierauf kanst du Semmel-Rinden aufschwellen lassen, den Aal darauf thun, und die Potage mit einem Coulis von Champignons, oder mit dem Saft von einer Citrone anrichten.

359) Eine Potage von Barben.

Wann du die Barben in heissem Wasser sauber gewaschen, und in eine Casserole gelegt, so giesse einen halben Schoppen Wein daran, mache ein wenig braune Brühe von etwas Mehl und einem Stück Butter zurecht, und, wann sie braun worden, schütte einen Löffel voll Fischbrühe daran, thue diese braune Brühe zu den Barben in der Casserole, würze sie mit Salz, Pfeffer, Petersilien, kleinen Zwiebeln, einer grünen Citronenscheibe, guten Gewürzen und seltenen Kräutern, und lasse sie bey gelindem Feuer kochen. Ehe aber die Fische gekocht werden, so lege die beede Beste von selbigen ganz hinein, zerschneide die andere Fische in Stücken, und koche sie auf solche Art. Hierauf mache einen Ragout von denen Lebern der Barben auf folgende Art und Weise: zerschneide kleine Champignons, und einige Trüffeln in Scheiben, thue sie mit ein wenig Butter in eine Casserole, giesse etwas Fischbrühe daran, und lege zusammen gebundene feine Kräuter dazu, lasse es gelinde kochen, fette es wohl ab, lasse die Semmel-Rinden in der Potage-Schüssel gelinde aufschwellen, lege die zwey ganze Fische darauf, belege die Potage mit Fischstücken, thue die Barben-Leber in das Ragout von Champignons, lasse sie darinnen einmal aufkochen, mache das Ragout mit einem halbbraunen Coulis dicklicht, schütte es darüber, und richte es warm an.

360) Eine Potasche von Bersichen.

Nimm 3. oder vier Bersiche aus, wasche und brate sie auf dem Rost, thue die Haut sauber davon, behalte aber den Besten von diesen Fischen besonders, und von den übrigen mach das Fleisch herunter. Hierauf nimm 2. Duzend süsse Mandeln, scheele sie, damit sie weiß werden, stosse sie im Mörsel, und feuchte sie öfters mit einigen Tropfen Wasser an. Wenn sie nun klein gestossen sind, so thue das von den Gräten abgelößte Fleisch der Bersichen, nebst dem Gelben von vier hartgesottenen Eyern dazu, und stosse alles untereinander; schneide sodann einen Zwibel, auch gelbe Rüben und Pastinaten Scheibenweiß, verwelle sie mit ein wenig Butter in einer Casserol auf dem Casserol-Loch, und wann sie noch nicht braun worden sind, so thue ein wenig Petersilien, nebst einem ganzen Zwiebel dazu, giesse Fischbrühe, die sich noch nicht gefärbet hinein, thue auch das Weiche oder Innere von Brodt, so groß, wie ein Ey, und in Scheiben geschnittene Champignons dazu, lasse alles bey gelindem Feuer langsam kochen, nimm dann das im Mörser gestossene Coulis, treibe solches, wann es in einer Casserole mit Jus (ist ein Saft oder Brühe von gekochtem) zergangen ist, durch ein Hgartuch, schütte es in einen Napf und kupfernen Hafen, schmelze etwas Butter in einer Casserole mit einigen Champignons, und wenn selbige gebraten, giesse ein wenig Fischbrühe dazu, würze es mit Salz, Pfeffer, und allerhand feinen Kräutern. Wenn es nun kocht, so thue den Bersich, welcher besonders aufbehalten worden, dazu, koche ihn mit den Champignons, blanschire Karpfen-Milch, laß sie wiederum hübsch ablaufen, thue solche in die Casserole, worinnen der Bersich ist, und laß sie damit kochen. So bald die Brühe etwas eingekocht, so wird ein wenig Coulis aus dem kupfernen Hafen dazu genommen, damit es einen

zum Confect zu läutern.

Geschmack bekomme, und warm auf heisser Asche gehalten. Nach diesem wird Brod=Rinde in der Potage=Schüssel aufgekocht, der Bersich aus der Casserole gethan, in die Mitte der Potage gelegt, der Schüssel=Rand mit Karpfen=Milch garniret, das Coulis über die Potage warm angerichtet, und aufgetragen.

361) Eine Potage von Schollen.

Nimm gute und frische Schollen, schabe sie ab, und wasche sie wohl; sind sie klein, so nimm zwey zum Füllen, sind sie aber gros, so nimm nur eine, und lege sie hernach in die Mitte der Potage. Hierauf werden die Schollen, welche man füllen will, beym Kopf genommen, oben zusammen gedruckt, damit die Gräten alle heraus gehen, und umgekehrt; nach diesem nimm etwas von ihrem Fleisch, thue Karpfenfleisch, einige Champignons, und ein wenig gehackte Petersilien und kleine Zwiebeln dazu, würze es mit Salz, Pfeffer, feinem Gewürz und guten Kräutern, thue das Gelbe von 2. bis 3. Eyern, wie auch so viel in Rahm geweichten Semmel, so gros als ein Ey, dazu, hacke alles wohl zusammen, stosse es im Mörser, und fülle die Schollen damit; Darnach kanst du eine Torten=Pfanne oder Schüssel mit frischem Butter ausstreichen, ein wenig Pfeffer, Salz, gehackte Petersilien, und feine Kräuter hinein streuen, die Schollen darinnen ordentlich bey einander legen, mit geschmolzenem Butter befeuchten, selbige würzen, und mit feinen Brodbrosamen bestreuen, im Ofen oder unter einem Deckel gar werden und wohl färben lassen, ferner 3. bis 4. Schollen im Butter braten, sie in Stücke schneiden, einige Scheibenweis geschnittene Trüffeln, kleine Champignons, mit ein wenig frischem Butter und feinen Kräutern in eine Casserle thun, etwas weniges von Fischbrühe daran schütten, es bey gelindem Feuer kochen lassen, wohl abfetten, und mit einem Schollen=Coulis, (den ich gleich hernach beschreiben werde) dicklecht machen, die Fleischstücke der Schollen hinein legen, es zusammen auf heisser Asche gelinde kochen, endlich Semmel=Rinden in einer Potage=Schüssel auffschwellen, die gefüllte Schollen zierlich darüber legen, hernach die Potage mit den Fleischstücken von Schollen belegen, zuletzt das Ragout und Coulis, welches einen guten Geschmack haben und nicht zu dicklich seyn muß, darüber schütten, und zwar also, daß die Schollen frey und blos bleiben, und es warm anrichten.

Das Schollen=Coulis wird auf folgende Art bereitet: Brate 1. oder 2. Schollen in Butter, schneide hernach den Kopf ab, alsdann stosse ein Duzend abgeschählte Mandeln, und ein Duzend Krebsschaalen im Mörsel, thue die Schollen dazu, stosse sie damit, schneide ein wenig gelbe Rüben, Pastinaten und einen grosen Zwiebel in Scheiben, wirf sie mit ein wenig Butter in eine Casserole, laß sie auf dem Casserol=Loch braun werden, und wohl färben, giesse etwas Fischbrühe daran, würze es mit 2. biß 3. Gewürz=Nägelein, ein wenig Petersilien, einem kleinen ganzen Zwiebel, wie auch mit in Scheiben zerschnittenen Trüffeln und Champignons, thue einige Semmel=Rinden dazu, laß es zusammen gelinde kochen, nimm hierauf das gestossene Coulis aus dem Mörsel, zerlasse es mit dem in der Casserole, schlage es durch ein Haartuch, schütte das Durchgeschlagene in einen Hafen und gebrauche es zu der Potage von Schollen, wie auch zu dem Ragout.

362) Küchlein, wie Zucker=Strauben.

Nimm Mehl nach Proportion, und schütte eine gute Milch darein, welche aber nicht warm seyn darf. Willt du viel machen, so nimm 2. ganze Eyer, und
von

zum Confect zu läutern.

von zweyen das Weisse, mach ein dünnes Taiglein; dieses muß mit dem Zucker-Strauben-Trächterlein in heisses Schmalz gelassen, und schön gelb heraus gebacken werden.

363) Eine andere Art.

Lasse Butter zergehen, schütte eine gute Milch, und sodann 1. oder 2. Löffel voll Hefen darein, machs damit an, nimm darauf etliche Eyer, in der Dicke machs gleich einem Strauben-Taig; lasse ihn zergehen, auch sodann in dem Strauben-Trächterlein und in heissem Schmalz schön gelb heraus backen. NB. Aus diesem Taig, wenn er ein wenig dicker, kanst auch runde Kugeln, oder so genannte Feuer-Ballen im Schmalz backen.

364) Küchlein oder Kränzlein zu der Collation.

Nimm Mehl, salze es mit Anis, mache ein Taiglein mit Eyern an, gleich einem geschnittenen Nudel-Taig, ausser etwas lucker, wirks wohl aus, formirs zu Kränzlein, und sied sie im Wasser, ehe aber als es siedet, müssen sie nicht darein gethan werden; wenn das Wasser in die Höhe siedet, so thut man sie heraus, läßts sie vertrocknen, bestreichts mit Eyern, und backts sodann gelb im Ofen.

365) Grieß-Mehl-Küchlein.

Thue Milch über in einer Pfannen, wann es siedet, so wird Grieß-Mehl darein gerührt, auch der Taig auf einer Glut wohl ausgetroknet. Man vermenget solchen mit Eyern, so zuvor im warmen Wasser gelegen, er muß in der Dünne gemacht seyn, als wie Grieß-Nudeln und Grieß-Knöpflein. Werden sodann in dem Schmalz langlechte Strützel heraus gebacken, so hat man was übriges, und kan es auch in einer süssen Brühe machen.

366) Rosen-Küchlein.

Man nimmt Eyer nach Proportion des viel oder

wenigen Mehls. Wenn der Taig ein wenig gesalzen, läßt man frischen Butter zergehen, eine Milch wird etwas laulecht darein geschüttet, sodann der Taig auswerglet, und einGlas, oder sonst etwas rundes darauf abgezukt. In ein jedes Blättlein wird ein Schnitt mit dem Messer gemacht. Vier solche runde Blättlein aufeinander gelegt, ehe und bevor das Schmalz dazu kommt, werden in der Mitte ein wenig zugedruckt, daß sie nicht von einander gehen, und mit dem Schaum-Löffel wird dem im Schmalz schwimmenden Blättlein herauf geholfen. NB. Ob die darein gemachte Schnittlein mit dem Messer durchgehen müssen oder nicht, muß eben probirt werden.

367) Holder-Küchlein.

Lasse Schmalz zergehen, schütte süsse Milch darein, mach den Taig mit an, nimm 5. oder 6. Eyer, salze sie, und backs wohl heiß.

368) Küchlein in einer Weinbrühe.

Nimm einen mürben Taig, schneide mit dem Rädlein kleine Küchlein, baks im Schmalz braunlecht, lege sie in eine zinnerne Blatten, thue Zimmet und Weinbeerlein darauf, mache eine süsse Wein-Brühe darüber.

Oder:

Mache eine Brühe, ziehe Mandeln ab, stosse solche, thue sie in ein mössenes Pfännlein, schütte süsse Milch und Zucker daran, laß sie auf dem Feuer ein wenig sieden, schütts darüber, aber stelle sie auf Glut, und lasse sie aufsieden.

369) Sprützen-Küchlein.

Nimm Milch, mache sie siedig oder warm in einer mössenen Pfannen, rühre vom besten Mehl darein, bis es so dick wird, daß der Löffel darinn stehet; lasse es auf der Glut austrocknen, bis es sich von der
Pfan-

zum Confect zu läutern.

Pfannen spühlet, thut es in eine grosse irrdene Schüssel. Von Eyern nimmt man ohngefähr 8. oder 9. diese aber müssen vorhero im warmen Wasser eine Viertelstunde gelegen seyn; darauf rühret man eines nach dem andern immer auf einer Seiten darein, so lang, bis eine Stunde vergehet. Der Taig muß ein wenig gesalzen werden wie ein Strauben-Taig.

370) Brühete runde Küchlein.

Nimm den Taig wie zu vorstehenden Sprützen-Küchlein; ist er angemacht, so nimm einen Kochlöffel, dunke ihn in Schmalz ein, den Taig darinnen lasse auf ein Küchlein an der Pfannen auf der Seite hinab rinnen, so wird es rund auflaufen und ganz hohl, es bleibt innen auch ein Spitzlein. Zuletzt laß sie kalt werden, und betäe sie mit Zucker, so wird der Taig innwendig schön gelb seyn, und so sind sie recht und köstlich.

371) Aepfel-Küchlein.

Nimm eine Schüssel mit Mehl, machs mit laulechter Milch an, thue, damit sie rösch werden, ein wenig Wein und etwas Zucker daran. Der Taig muß in der Dicke seyn wie die Strauben-Küchlein, sodann werden mürbe Aepfel geschält, rund und viereckigt geschnitten, das Schmalz wird wohl heiß gemacht, immer geschüttelt, und vom Feuer in der grösten Schnelle weggebacken, sonsten bleiben sie nur Totschen, und dieses NB. muß bey den Sprützen Küchlein ebenfalls beobachtet werden.

372) Mandel-Mueß.

Nimm 2. Löffel voll wohl gestossene Mandeln, eben so viel schönes Mehl, machs mit einer obern Milch an, nicht gar zu dünn und nicht gar zu dick; wann es anfängt dick zu werden, so mache es wieder mit Milch etwas dünner, und wanns um und um ein Rämlein gesotten hat, so stelle es auf, thue aber
But-

Butter und Zucker darauf, nachdem du's gerne ſüß haben willt.

373) Dotter-Mueß.

Nimm Eyerdotter, zerſchlag ihn in einer Schüſſel, gieß guten ſuſſen Wein ſamt ein wenig Milch-Rahm daran; ſodann ſchütte etwas von zerlaſſenem Schmalz darein, ſetze es auf eine Glut, laß es ſieden, reibs glat ab, daß das Mues nicht knolligt wird und nicht anbrennt. Leztens wird Zucker und Gewürtz daran gethan, und das Mueß alſo warm aufgeſtellt.

374) Krebs-Mueß.

Siede Krebs, hülſe ſie aus, hacke ſie klein, weiche Brod in ſiedender Milch ein, nimm Eyer nach Proportion, wie auch etliche ungeſottene, geſtoſſene, mit ein wenig Milch vermengte, und durch ein Tuch gepreßte Krebs; alles dieſes wird mit Butter unter einander gethan, auch die Krebsſchalen in einem Mörſer geſtoſſen, dieſe werden in einem möſſenen Pfännlein auf eine Glut geſtellt, vorher aber auch durch ein Tuch gepreßt, in ein kaltes Waſſer, daß es geſtehet, darauf rühret man es auch unter obiges, macht es mit ſüſſem Milch-Rahm dünner. Endlich beſtreicht man eine Kachel mit Butter oben und unten über der Glut, und läßt es kochen.

375) Nudel-Mueß.

Nachdem man Nudlen in der Milch abgebrühet, rühret man etwas Butter ab, und klopft Eyer darein, da dann die Nudlen dazu gelegt werden. Das Mueß macht man mit ſüſſen Milch-Rahm dünner, ſalzt es, unten und oben gehört Glut darzu.

376) Aufgezogenes Mueßlein.

Rühre Butter ab, wanns in der Eil ſeyn muß, ſo laß den Butter ſchnell zergehen, rühre Eyer und ſüſſen Milch-Rahm darein, wie auch geriebеn Brod, ſamt ein wenig Salz; oben und unten wird Glut darzu

zu erfordert. Will man es süß haben, so nimmt man gestoßene Mandeln und Zucker, das Geschirr wird mit Butter bestrichen, und so läßt man das Müeßlein langsam aufziehen.

377) Aufgezogene Müeser.

Koche ein rechtes Kinds-Müeßlein, laß es verkalten, rühre frischen Butter ab, schlag etliche Eyer eines nach dem andern darein, klopfe sie eine Zeitlang wohl, zulezt rühre das kalte Mueßlein auch darein, mache oben mehr Glut als unten, daß es schön aufgehet; auf solche Art kan man die gehakte Reiss-und Gries-Müeser verfertigen, man macht diese auch süß, und bakts im Ofen.

378) Aufgezogenes Hagenbutzen-Mueß.

Nimm eine kleine Handvoll Hagenbutzen, siede solche in halb Wasser und Wein ab, bis sie ganz eingesotten und lind sind, alsdann treibs durch ein kleines Sieb, nimm von etlichen Eyern das Weiße, verhaks mit einem Beselein, daß sie einen schönen Schaum abgeben, rühre die Hagenbutzen darunter, auch Citronen-Schalen und Zucker, bis es süß genug ist, da dann alles zusammen in ein mit Butter bestrichenes Geschirr gethan, und, daß es schön aufgehet, so wohl oben als unten Glut erfordert wird.

379) Aufgeloffenes Aepfel-Mueß.

Nimm etliche gute Aepfel, wikle sie in ein nasses Papier ein, brate sie in der Aschen ganz lind, ziehe die Schalen ab, und thue das linde von dem Butzen hinweg. Wenn alles zusammen genug gerührt, so wird wohl gedörrter Zucker darunter gethan, man zerklopft das Weiße von etlichen Eyern, daß es schaumt, rühret es nach und nach darein, und läßt es in einem bestrichenen Geschirr bey einer so wohl oben als unten kleinen Glut allgemach schön aufgehen.

380) Küchlein-Mueß.

Rühre Butter mit etlichen Eyern ab, hacke die Küchlein klein, rühre sie darunter mit ein wenig geriebenem Brod, salze es, und thue ein wenig Gewürz darunter, rühre auch noch ein wenig süssen Milch-Rahm darein, daß es in der Dicke recht wird. So läßt man es endlich in einem bestrichenen Geschirr bey einer unten und oben rechten Glut aufgehen.

381) Citronen-Mueß.

Nimm von 6. oder 8. Eyern die Dotter von 2. ganzen Citronen den Saft, halb Saft und halb Wein. Den Zucker reibt man zuvor an der Citronen, rühret denselben, wie auch die Eyer und Citronen-Saft wohl unter einander, setzet es auf eine kleine Glut, läßts gestehen, und gibts sodann mit Zucker bestreuet auf den Tisch.

382) Spinat-Knödel.

Nimm abgebrüheten und klein geschnittenen, oder gehackten Spinat, wie auch ein Stück Butter; wenn das erstere Stück wohl unter das letztere gerühret ist, so nimm Semmel-Brosamen, rühre sie auch darunter, daß die rechte Dicke hervor komm; thue ein wenig Milch, Pfeffer und Muscatblüth, auch 3. oder 4. Eyer, nach Proportion darein, mache sie also an, lasse sie eine Weile stehen, schlags in ein Wasser wie andere Knödel, ein, mach den Taig nicht zu starck und nicht zu welch an, laß ihn auch nicht zu stark sieden, alsdann werden sie in Erbis-Brühe angericht.

383) Hecht-Knödel.

Nimm von einem gesottenen Hecht ein klein gehaktes Brät, und so viel Butter. Dieser wird abgerührt, wie auch das Brät, als welches man so lange rühret, bis es zäh wird. Darauf thue so viel geriebenes Brod darein, als es Brät und Butter gewe-

zum Confect zu läutern.

gewesen, hernach vermengs mit lauter Eyern, bis sie in rechter Dicke sind, salze sie, thue Citronen und gut Gewürz darein, legs in ein siediges Wasser, welches, damit der Dampf dabey bleibt, gleich zugedeckt werden muß. NB. Man kan sich hiebey keines andern Fisches bedienen als des Hechts.

384) Grünes Erbsen-Mueß.

Nimm grüne ausgehülsete Erbsen; sind sie lind gesotten und durchgetrieben, gießt man sie sammt Semmel-Brosamen, gebrannt Wasser, einem Stück Butter, wie auch mit etwas Muscatblüth und Pfeffer in eine Kachel, läßt sie allda sieden, richts an, röschet wiederum gewürfelte Semmel-Bröklein darauf, aber mit Sorgfalt, daß es nicht zu dick werde.

385) Gefüllte Lemonen.

Hierzu nimmt man in der Mitte entzwey geschnittene Lemonen. Wenn diese sauber ausgehüllet, und in 2. Wassern abgesotten sind, stosset man Mandeln ziemlich groß, machts mit Eyern und Rosenwasser an, nimmt auch Zucker und Zimmet darzu, füllet die Lemonen damit aus, bestreichts mit Eyerklar, backts im Schmalz, macht eine Lemonen-Brühe darüber, mit Lemonen-Saft, Zucker und Wein.

386) Hart gesottene Eyer-Dorten.

Mache ein mürbes Eyer- oder Zucker-Taiglein, nimm so viel Zucker als Mehl, ein wenig Butter und Eyer, wirks zusammen, wälle es aus, formire nach deinem Belieben eine aufgesezte Dorten, thue eine Fülle darein, siede die Eyer hart, und hacke so wohl das Weisse als das Gelbe von den Eyern darein. Sodann ziehe eine Hand voll Mandeln ab, zu 4. hart gesottenen Eyern, nimm Zucker, bis sie süß genug ist, ein wenig Zimmet, und Citronen-Schaalen, rühre vorher ein wenig Butter ab mit etlichen Eyern, worauf sodann das Uebrige darein gerühret

werde

werden muß. Die Art der Dünne soll wie bey einer ordinairen Fülle seyn, backen muß man sie erst, wann man sie geben will, und Gätter kan man darauf machen, oder nicht.

387) Mandel-Schmarren.

Man stosset einen Vierling Mandeln nicht gar klein, und vermengt 4. Loth Zucker, auch ein wenig Lemonien-Saft nebst Eyerklar damit. Dieses rührt man durch einander, und backts.

388) Wasser-Strauben.

Man nimmt schön weiß Mehl, salzet es, und macht ein Wasser siedig, gießt ein wenig Schmalz darein, schüttet es ganz siedig auf einmal an das Mehl, rührts wohl untereinander, vermengts mit Eyern, bis der Taig dünn genug ist; dann läßt man ihn durch ein Strauben-Trächterlein langsam in das siedige Schmalz laufen, backs schön gelb heraus mit diesem Taig. NB. Auf diese Art kan man auch die Weixeln backen.

389) Zwetschgen-Schnitten.

Erstlich siedet man hiezu zwey grosse Hände voll Zwetschgen. Die Steine werden heraus gethan, klein zerhackt und Citronen-Saft darein gedruckt, samt ein wenig Zucker und Zimmet. Man rührts mit etlichen Eyern und Milch-Rahm an, daß sie ihre rechte Dicke haben, streichts auf Brod-Schnitten, kehret dieselbe in Eyern um, und backts im Schmalz, so kan man sie entweder nach Art der Küchlein verfertigen, oder eine süsse Brühe darüber machen, oder selbige trocken mit Zucker und Zimmet geben.

390) Saure Rahm-Nudeln.

Man nimmt einen guten Theil Butter, läßt ihn zergehen, macht einen dicken Milch-Rahm wohl warm, rühret unter den Butter auch 12. oder 13. Eyer, eines nach dem andern; wann alles ziemlich gerühret ist,

ist, so wird erst das Mehl daran gethan, daß es in einer Dicke ist, wie ein Taig, der noch lauft; man salzet es, nimmt nach Proportion des Taigs eben so viel süssen Milch-Rahm in eine Pfannen, wann er siedet, so gießt man den Taig darein, läßt ihn oben und unten bey einer guten Glut oder im Ofen ausbacken, und richtets sodann mit einem Löffel Nudlenweis an.

391) Rahm-Mueß.

Hiezu wird ein ziemlich grosses Stück Butter samt ein paar Eyern genommen. Das erstere läßt man zergehen, nimmt von 4. Milchen den dicksten Rahm, rührt ihn mit dem Butter ab, schlägt auch 12. Eyer nacheinander darein. Wenn diese eine gute Zeit gerühret sind, so wird das Mehl darunter gethan in einer Dicke, daß der Taig wohl lauft; so viel man Taig hat, so viel nimmt man nach, desgleichen auch süssen Milch-Rahm, den man in einer mössenen Pfannen sieden läßt. Wenn er siedet, so thue noch ein Stücklein Butter in die Milch, und den Taig zugleich, rühre es auf der Glut um, bis es anfängt zu sieden, sodann wird es von dem Feuer weggethan, und noch 4. oder 5. zerklopfte Eyer darunter gerührt, worauf man es sodann verzuckern oder salzen kan nach Belieben. Endlich kan man es in ein paar Zinn-Schüssel, deren Ränfte mit Taig zuvor überlegt, hinein giessen, das Mueß, damit es keine Haut gibt, oberhalb mit einem Stücklein Schmalz schmieren, usodann backt man es vollends aus.

392) Gefüllte Nudeln.

Mache einen geschnittenen Nudel-Taig an, wälle ihn, rädle langlechte Bläzlein, mach eine Fülle nach Belieben, nimm Eyer und dicken Milch-Rahm, ein klein wenig Salz; und gerieben Brod untereinander, streichs auf, überwickle es, und machs in Butter und

Art und Weise, den Zucker

stediger Milch in einer Pfannen ein, bey einer so oben als unten guten Glut.

Oder:

Mach eine Fülle mit abgeriebenem Butter, Eyern und süssem Milch-Rahm, auch mit geriebenem Brod, ein wenig gut Gewürz und Salz, oder einer Hand voll ungebrüheten und ganz klein gehackten, desgleichen auch wohl ausgetruckten Spinat; rösche im Butter oder Schmalz eine gute Hand voll Brodbrosamen, wenn sie geröstet, so nimm den grünen Spinat auch dazu, und noch ein Stück Butter, laß es noch ein wenig köchlen, nimm 2. oder 3. auch mehr Eyer, süssen Milch-Rahm, Salz und gutes Gewürz, streichs auf, und überwickle es in die obige Bläslein.

Ferner

Kan man aus dieser Fülle gute Würste machen, den obigen Taig aber muß man auch darzu nehmen. Die Würste aber den gefüllten Taig läßt man im Wasser sieden, sodann oben aufschmälzen, oder man kan ihn zulezt noch ein wenig aufsieden lassen.

393) Gelbe Rüeblein aus Brod zu machen.

Giesse über geriebenes Brod heisses Schmalz, thue siedige Milch, wie auch etwas Salz und gutes Gewürz daran, machs mit Safran gelb, nimm etliche Eyer zum Vermengen, damit sie ihre rechte Dicke bekommen; formire kleine Rüeblein, backs langsam im Schmalz, legs in ein mit Butter bestrichenes Zinn, wozu noch etwas Wasser, Salz und gutes Gewürz kommt. Leztlich läßt man sie, wenn man Petersil oder Selleri darein gesteckt, noch ein wenig aufsieden. Man kan sie auch süß, oder an eine Weinbrühe machen.

394) Rare geschupfte Nüdelein.

Nimm Mehl nach Belieben, salze es, und mache das

das Taiglein mit einer siedenden Milch an, schupfe kleine Nudelein, machs in Butter und Milch ein, lasse sie zugedeckt wohl einsieden, kehre sie zuweilen um, daß sie nicht anbrennen.

395) Andere gute Art.

Unter einen sauren oder süssen Milch-Rahm, rühret man etliche Eyer, wie auch Salz und Mehl, macht einen Taig, der durch ein Strauben-Trächterlein laufen mag. Wenn er im heissen Wasser gesotten, läßt man etwas von Butter und Milch sieden, und thut die Nudlen darein, macht oben und unten eine Glut, läßt sie schön einkochen, so sind sie vollkommen fertig.

396) Reiß Torten oder Pastetlein.

Mache ein mürbes Taiglein, legs in Pasteten-Model, nimm abgerührten Butter mit Eyern, ziehe 1. oder 2. Hand voll Mandeln ab, welche nicht gar klein gestossen werden müssen, deren eben so viel, und gleichfalls grob gestossene man braucht zu dem in Milch verwällten, aber nicht lang gesottenen Reiß. Wann es verkaltet, so rühre die Mandeln und das Reiß an den abgerührten Butter, thue auch etwas Zucker, Zimmet und Citronen-Schalen daran. In der Dünne muß es seyn, als wie die aufgeloffene Mueser, und, wenn alles zusammen in die Model gegossen, backt man es gelb heraus. NB. Auf diese Art kan man auch schöne Mueser machen, wann man die Glut langsam aufziehen lässet.

397) Gute Eyer-Speis.

Auf 2. Zinn nimm 2. abgeschälte, im frischen Wasser geweichte Laiblein oder weisse Wecken, druks aus zu lauter Brosamen, und lasse in einer mössenen Pfannen ein gutes Stück Butter zergehen. Unter 8. oder 9. verklopfte Eyer wird halb so viel Milch-Rahn

Rahn geschüttet, und die ausgedruckte Brosamen auf der Glut immer untereinander gerührt, bis sie endlich, wann man sie umkehrt, auf dem Boden gelblecht gebacken aussehen. Zulezt wird noch etwas Salz und Schnittlauch darein geschnitten.

398) Quitten-Speiß.

Hiezu werden geschälte, am Riebeisen kleingeriebene, und durch ein sauberes Tuch gepreßte Quitten genommen, wie auch gestossener Canarizucker, und Quitten=Saft, der eine ganze Stunde, oder bis er dick wird, untereinander gerührt werden muß. Darauf stosse Mandeln in Rosenwasser ab, nimm 3. Eyerdotter, womit auch die erstere abgerühret werden, bis das zu backende eine schöne weisse Farbe bekommt. Wann man alles untereinander gerühret, wird der Taig in das mit Mandelöl bestrichene Geschirr geschüttet, und dieses, damit die Speise schön aufgehet, oben und unten mit Glut versehen, daß es schön aufgehet.

399) Süsse Strützel.

Kehre Semmel-Mehl im Schmalz um, daß es bloß verwarmet, rühre es mit Milch und Eyern an. Mache die Strützel mit einem Messer in heisses Schmalz, und wenn sie gelb gebacken, stelle solche auf einem Zinn in einer süssen Brühe auf. Brenne Mehl im Schmalz, schütte Wein, Zucker oder Honig daran, laß es sieden, schütts über die Strützel, und lasse sie auf der Glut nochmal einen Sud thun. Lezt- lich kan man auch Weinbeer, Zucker und Citronen- Schaalen unter den Taig vermengen.

400) Eine Fülle zu Krebs-Flädlein.

Nimm Eyer, schütte ein wenig süsse Milch daran. In einer breiten Pfannen zerlasse etwas Schmalz, schütte es wieder völlig herab, damit die Flädlein nicht fett werden; back diese ganz dünn, nimm abgesottene und ausgehülste Krebs, hacke sie klein, und mach ei- nen

zum Confect zu läutern.

nen Krebs = Butter. Von diesem nimm ein wenig, zerlasse ihn in einem kleinen Pfännlein, und wenn das nochmals ein wenig erwärmte Semmelmehl darunter vermenget worden, thut man die gehackte Krebs auch darein, desgleichen etwas süsser Milch, Pfeffer, Ingwer, Salz und Muscatnuß, läßt es sieden, streichts auf die Flädlein, überwicklet sie, legts in ein mit Krebs=Butter bestrichenes Zinn, und macht sodann eine Brühe darüber. Man brennt noch zulezt ein wenig weisses Mehl in zerlassenem Krebs=Butter, schüttet etwas Wasser darein, und wenn das nöthige Salz dabey, läßt man die Flädlein auf der Glut eine Weile aufsieden.

401) Grüne Aepfel=Dorten.

Man nimmt sauerlecht und zu Spältlein geschnittene Aepfel, desgleichen schönen Spinat; diesen wascht man sauber, stoßt selbigen in einem Mörser, und truckt ihn durch ein Tuch, dann es wird ziemlich viel Saft erfordert. Die Aepfel, wenn man den Spinat=Saft sammt dem Zucker nach Gutdünken daran gethan, läßt man in einem Geschirr sieden, bis sie ganz zersotten sind. Darauf nimmt man sie vom Feuer, und mit geschnittenen Lemonien-Schalen, wie auch Zucker nach Belieben wird etwas Lemonen=Saft darein gedrukt. Alles wird wohl durcheinander gerührt, und kalt eingefüllt, man kan Mandeln oder sonst einen guten Taig nehmen, dieser aber muß vorher überbacken seyn, da man es denn hernach, wenn man das Grüne darein gefüllt, und etwas von Milch=Rahm-Eiß ziemlich dick darauf gestrichen, noch einmal backen läßt.

402) Milch=Rahm=Eis zu machen.

Nimm einen Eyerklar und einen Löffel voll Wasser, thue weißgesiebten Zucker darunter, machs in der Dicke wie ein Kinds=Mues. Wenn man es eine

136 Art und Weise, den Zucker

gute Stunde abgestoßen, thut man es in ein sauberes Geschirr, und bakt's in einer Dorten-Pfannen, wozu man aber unterhalb keine Glut vonnöthen hat.

Das rothe Eis macht man auf gleiche Art, man muß aber spanische Flecklein in das Wasser weichen.

403) Strudeln zu machen.

Nimm ein Becken voll Milch, giesse ein wenig Eßig darein, setze es in die Wärme, laß über Nacht stehen, schütte den Dopfen in ein Tüchlein, daß es ganz austropfet; wenn er trocken ist, reib eine nicht gar halbe Semmel darunter, dann nimm 3. Eyerdotter, ein ganzes Ey und ein Stücklein Butter, wie auch Milch-Rahm, salze es, rühre alles untereinander wohl ab, mache den gehörigen Taig zu den Strudeln, ziehe ihn dann aus, streiche die Fülle darauf, rolle ihn zusammen, lasse selbigen in einer Pfannen mit Wasser wohl sieden, und lege ein Stüklein Butter in eine Pfannen, worinnen etwas Semmel-Mehl umgekehrt, und eine süsse Milch daran abgegossen wird. Die Strudeln schüttet man in ein Zinn, das, wenn man obiges darüber abgiesset, so oben als unten Glut haben muß.

404) Aepfel Speise.

Nimm sauerlechte geschälte, und jezuweilen gebratene Aepfel, schneide das Weiche herab, nimm eine Hand voll Mandeln, wie auch in gutem Milch-Rahm geweichte Semmel-Schmollen, stosse alles untereinander, daß es fein glatt wird, hernach werden 3. Eyerdotter, 2. ganze Eyer, Zucker, Zimmet, auch kleingeschnittene Citronen-Schalen darunter gerühret. Die Speise wird in einem bestrichenen Geschirr recht gebacken, überzuckert, und sodann auf den Tisch gegeben.

405) Köstlicher Eyer Zieger.

Erstlich mache einen weissen Eyer-Zieger, lasse ihn an einem Söckle beysammen, nimm kleingehackten

ten Spinat, schütte Milch daran, drucks durch ein Tuch, und schlag Eyer darüber.

NB. Rothen Eyer-Zieger zu machen, nimmt man in Wasser oder Milch geweichte, und durch ein Tuch getruckte rothe spannische Flecklein, schlägt auch Eyer daran wie oben.

Den gelben färbt man mit gestossenem Safran. Der Weisse bleibt an sich selber weiß.

Wenn nun diese Zieger jedes besonders, und recht zugericht sind, so breitet man über eine tiefe Schüssel ein sauberes Tüchlein, legt bald ein weisses, bald ein grünes, bald ein gelb- oder rothes Brocklein untermischt, druckt diese wohl aus, daß nichts nasses dabey bleibt, bindet das Tüchlein so starck als man kan, zusammen, legts auf ein Brett, und beschwehrts mit einem Stein, daß die Brühe gar davon kommt. Hernach zerklopft man Eyerklar so viel nöthig, schüttet Milch-Rahm daran, lässet ihn auf einem Glütlein in einem mössenen Pfännlein einen Sud thun, sodann reibt man eine Citrone auf Zucker, vermengts auch mit dieser Milch, und macht sie recht süß. Endlich schüttet man diese Milch in eine Schüssel, leget das ganze Stöckle Eyer-Zieger in die Mitte welchen man mit Blümlein besteckt, den gefärbten Eyer-Zieger aber schneidet man zu Schnitten, so dünn, als es sich thun lässet, legts auf den Rantt herum, so ist es eine schöne und köstliche Speise. Diese Zieger aber müssen alle vest und starck seyn.

406) Eine aufgehende Aepfel-Speise.

Nimm 6. oder 7. gleiche im Rohr gebratene Aepfel, schab das weiche herab, schlags durch ein Sieb, zuckere sie nach Genügen, rühre es gut anderthalb Viertelstund. Sodann nimm von 10. Eyern den Klar, klopfe ihn gar wohl ab, daß es schaumet; dann nimm den ersten Schaum, rühre ihn unter die Aepfel,

pfel, die übrige Klar aber wieder zu Schaum geschlagen, werden Löffelweis darein gethan, bis die Klar völlig zu Schaum worden. Man muß es beständig auf einer Seiten rühren, so gehet es auf, und sieht aus wie ein Schaum. Endlich wird es in einem bestrichenen Geschirr Brockenweis aufgericht, man kan es sehr hoch machen, aber man muß es nicht zusammen drucken, sondern ganz lucker auf einander setzen. Dieses wird in einem Rohr, oder Pasteten=Oefelein eine halbe Viertelstunde gebacken, wann es aber zu lang darinn stehet, so fällt es nieder. Damit es desto gewisser hoch bleibet, kan man ein wenig Tragant darunter rühren; Zulezt wird die Speise überzuckert.

407) **Aufgehende Semmel=Speise.**

Nimm 2. gute Löffel voll süsses Schmalz, rührs wohl auf einer Seiten, daß es weiß wird wie ein Butter, sodann nimm 5. Eyer, so oft deren jedes eingeschlagen wird, so oft rührt man aufs neue, biß alle darunter sind. Hierauf werden 2. abgeschälte Semmeln ohne Rinden in frisches Wasser eingeweicht, stark ausgedrukt, und eine halbe Stunde gerührt. Will man es überzuckern, so salzt mans ein wenig, und backt es ein wenig im Ofen oder bey einer Glut oben und unten, nur daß sie oben nicht zu stark seye.

408) **Hoch aufgehender Taig, Aepfel-Weixeln und anderes zu backen.**

Man nimmt wohl warme süß abgeblasene Milch, läßt ein wenig Schmalz darein zergehen, rührt etwas schön Mehl darein, trüknet den Taig auf einer Glut wohl ab, und schlägt 2. oder 3. im warmen Wasser vorhero gelegene Eyer darein. Der Taig muß in der Dicke seyn wie Strauben=Taig.

Nimmt man Weixeln zum backen, so wird allezeit nur eine genommen, daß der Stiel halb abgeschnitten,

zum Confect zu läutern.

ten, eingetunkt, und in das Schmalz gesenkt seye, so laufen sie gar hoch auf.

Auf gleiche Art kan man auch Aepfel, Zwetschgen, Zibeben und Amelen backen.

Was gedörrte Weixeln anbelangt, siedet man selbige, läßt sie wohl austrocknen, steft sie an ein Spieslein, backts aus einem solchen Taig, so werden sie schön und extra gut. Wann mans anricht, müssen die Spieslein davon genommen, und, so es beliebt, kan auch noch ein gezuckertes Brühlein darüber gemacht werden.

409) Aepfel-Strauben.

Nimm geschälte, ziemlich dicke Aepfel-Spälter, oder 4. Theil von einem Aepfel, langlecht oder rund; darauf nimm schönes Mehl, mach mit warmen Wein, und 1. oder höchst 2. Eyern ein Taiglein an, das dünner als ein Strauben-Taig seyn muß, dann es wird nur so viel Taig erfordert, daß die Aepfel davon naß werden. Sodann wird eine tiefe Pfanne halb mit Schmalz gefüllt, wenn dieses gesotten, schüttet man die taigige Aepfel alle auf einmal darein, backts geschwind, das Schmalz muß über die Aepfel gehen, sonsten werden die Strauben feißt.

Eben so können auch die übersottene und wieder trockene Weixeln, wie auch Krebs-Strauben gebacken werden.

410) Eine Semmel mit Krebsen.

Lasse die Krebs übersieden, die Hülsen thue heraus, die Schalen und das Uebrige in einem Mörser wohl gestossen werden mit Krebsbrühe durchgetrieben, Butter und Gewürz, wie auch Pfeffer daran gethan. Die gewürfelt geschnittene Semmel backt man im Schmalz gelb und rösch, richtets in eine Schüssel an, steft die Krebs-Hülsen überall darzwischen, gießt die Sup-

Suppen darüber, läßt sie auf einer Glut nochmal aufsieden, so ist es eine gute Speise.

411) Chocolat-Dorten.

Erstlich rühret man 7. Eyerels zu einem Schaum, darauf wird ein halb Pfund Zucker und eben so viel Mandeln daran gethan, welche leztere so lang, als bey einer Mandel-Dorten, gerühret werden müssen. Wenn dieses geschehen, so thut man eine Hand voll Chocolad- und Citronen-Schalen darein, gießts in die Mödel, und backts wie eine Mandel-Dorten.

412) Eine Chocolat Speise.

Nimm schwarz altgebackenes Brod, so viel als ein halber Wecken, weichs in rothen Wein, und stosse es mit einer Hand voll Mandeln ganz klein darunter. Man nimmt ein Stück Butter, so viel als ein Gans-Ey in der Schwehre austrägt, schlägt auch 5. oder 6. Eyer darein, welche wohl gerührt, und mit klein gestossenem Zucker ziemlich vermehrt werden müssen. Hat man endlich den gestächten Chocolad darunter gerührt, bestreicht man eine Schüssel mit Butter, setzet einen Ralf darauf, macht ein Taiglein um den Ranft, backts bey nicht gar zu grosser Hitz, besäet es mit Zucker, und setzt es sodann auf.

413) Hirsch Hörnlein.

Nimm 2. oder 3. Eyer, auch so viel Dotter, wenig süssen Milch-Rahm, Salz oder Zucker, rühre das Mehl darein, daß es ein ringes Taiglein wird, lege es auf ein Brett, schneid Hirsch-Hörnlein, backs ganz gemach im Schmalz, bestreiche sie mit Zucker.

414) Pomeranzen-Mueß.

Auf 2. grossen Schüsseln nimmt man Pomeranzen, welche man 14. Tage gewässert; will man es in der Geschwinde machen, so siedt man sie, bis sie lind werden, und thut die Kernen davon, als welche mit einander zu einem Taig gestossen werden. Man nimmt

zum Confect zu läutern.

nimmt eben so viel, oder etwas weniger frischen Butter, als die Pomeranzen wegen, damit das Mueß nicht zu fett werde. Den Butter stoßt man unter die Pomeranzen, samt eben so viel geriebenen Eyer-Brod; wann es gar alt und hart ist, muß es zuvor in eine Milch eingeweicht worden seyn, ist es aber nicht alt gebacken, so nimmt man nur das geriebene, und stoßt oder rührt alles unter einander 1½. Stunden; 12. oder 14. Eyer werden auch dazu gebraucht.

NB. Erstlich 8. Dotter, hernach 4. oder 5. ganze Eyer, wie auch die Pomeranzen müssen verhero zu Mueß gestossen seyn. Man überzuckerts nach Belieben, richtets in zwey kupferne Schüsseln an, ein Taig wird darum gemacht, im Rohr schön gebacken, und mit Zucker bestreuet.

415) Rahm-Nudlen.

Nimm sauren Milch-Rahm, so viel als dir zu machen beliebt. Man rechnet auf eine Schüssel 6. Eyer nach langem Rühren wird das Salz und das Mehl hinein gethan in der Dicke, wie ein grosser Spatzen-Taig. Mit dem Butter wird eine süsse Milch in einer mössenen Pfannen siedig gemacht, man legt den Taig auf ein Breetlein, und macht mit dem Messer länglechte Nudlen, wozu oben und unten Glut erfordert wird.

416) Köhl-Schnitten.

Erstlich siede den Köhl ab, hacke solchen klein, laß ihn im Butter oder Schmalz heiß werden, kehre geriebenen Brod darein, hat man es noch 1. oder 2. mal umgekehrt, so wird ein wenig süsser Milch-Rahm darüber gegossen, aber nicht gar viel, dann es ist naß genug. Sind die Eyer, das nöthige Salz und Gewürtz dabey, so binds in ein Tüchlein, und lasse es sieden, schneide Schnitten daraus, legs in eine Schüssel, und mach eine Butter- oder Zwibel-Brühe darüber.

über. NB. Auf diese Art kan man auch die Stockfische zubereiten.

417) Schnecken-Schnitten.

Sied abgeschleimte Schnecken auf die Art, als wollte man sie in die Häußlein machen, hacke sie klein, kehre das Schnecken-Gehäck in Butter oder heiß Schmalz um, rühre etliche Eyer darein, wie auch süssen Milchrahm, biß alles in seiner rechten Dünne ist, streichs auf Schnitten, und backs sodann im Schmalz.

418) Gebackenes Mueß.

Nimm kleine gewürfelt geschnittene abgezogene Mandeln, Weinbeere, von kleinern kleingeschnittenen Citronen den Saft, wie auch Zimmet und Zucker; sodann mach einen Buttertaig, walle ein kleines Bläzlein aus, lege es gefüllt in den Model, bestreichs mit Eyern, drucks zusammen, und backs im Schmalz.

419) Blaugesottene Forellen.

Wann sie ausgenommen, so wasche sie mit aus, mache Schnittlein auf den Rucken, krümme sie, daß sie gebogen bleiben, und besprengs mit kaltem scharfen Eßig. Sodann setzt man in einer mössenen Pfannen mit dem nöthigen Salz, Eßig, Wein und Wasser über das Feuer, von jedem nimmt man so viel als von dem andern, wenn es schier sieden will, so legt man die Fische unter über sich in die Pfannen, und läßt sie wohl sieden; wann sie genug gesotten, läßt man sie in der Pfannen und Brühe erkalten, so werden sie krummig; will man sie aufsetzen, so wärmet man sie wiederum in der gleich folgenden Brühe.

420) Eine gute Kapern-Brühe über alle Fische.

Backe vorderist die Fische, und lege sie in die Schüssel, in welcher man sie vorsetzen will, alsdann lasse man Kapern, ein wenig geschnittene Rosinen und Citronen-Schaalen in Wein mit Zucker und Car-
domen

demomen sieden, giesse hernach ein wenig Rosen-Eßig
daran, und richte sie über die Fische an, lasse sie sodann auf einem Kohlfeuer aufsieden, und schütte, ehe
man sie aufträgt, wenn es beliebig, Baumöhl daran,
oder thue an dessen statt frischen Butter dazu. Wilt
du die Brühe ein wenig dicklich haben, so rühre ein
wenig Semmel, oder geröstetes Mehl darunter.

421) Forellen-Brühe.

Nimm ein ziemlich gutes Stück Butter, und
kehre solches im Mehl um, wozu auch etwas von Citronen-Schalen und dem Saft, ein wenig Muscatblüth, so viel Safran, Pfeffer, Ingwer, Lorbeerblätter und Rosmarin kommt. Von dieser Brühe schüttet man was an die Brühe, worinn die Fische zuerst
gesotten, lässet sie wieder ein wenig sieden, und wenn
man vorher noch einen Eyerdotter unter die Brühe
zerklopfet, kan man sie über die Fische anrichten.

Auf diese Art können auch die Hechte und Grundlen blau gesotten werden.

Will man sie schön haben, so ist zu wissen, daß,
wann die Fische einmal ausgenommen, keiner mehr
gewaschen, auch die Butter-Brühe nicht früher daran gethan werden solle, bis man sie auftragen will,
sonsten es ihme die Farbe nimmt.

422) Geräucherte Forellen in einer guten Brühe.

Die Fische werden aus laulichtem Wasser sauber
gewaschen, in frischem Wasser gesotten, biß sie fast gar
sind, hernach wird das Wasser davon geseihet, ein
gut Glas-Wein-Eßig oder halb so viel Wein dazu
gegossen, ein wenig schön Mehl in Butter oder
Schmalz gebrannt, darein geschüttet, mit Ingwer,
Pfeffer und einem Löffel voll Zucker gewürzet, alsdann salzet man die Brühe ein wenig, und läßt sie
sieden, indessen nimmt man einen Weck, schneidet
ihn klein gewürffelt, röstet ihn in Butter, biß er hart
und

Art und Weise, den Zucker und braun wird. Wenn die Forellen genug gesotten haben, so richte sie ordentlich an, lege die geröstete Wecken darauf, und gieß die Brühe darüber.

423) Gesulzter Karpf.

Nimm einen Karpfen aus, schuppe ihn nicht, drucke den innern Schweiß aus, besprenge ihn mit kaltem Eßig, Wein und ein wenig Wasser in einer mössenen Pfanne. Wann es schier sieden will, so lege die Fisch unterüber sich darein, decks zu, thue vorhero Salz, Ingwer, Nägelein, auch Citronen-Schalen darein; wanns genug gesotten, richte die Fische in das Zinn, laß die Brühe besser einsieden, und wenn sie durch ein Tüchlein gesichen ist, so schütte das Helle über den Fisch, und lasse es gestehen.

424) Braun abgesottener Karpf.

Zuerst wird der Fisch geschupt und abgewaschen, bevor man ihn eröfnet, und der Schweiß von ihme wird, wenn er zerschnitten, aufgehoben. Die Stüklein salzt man ein, bis man sie sieden will, so werden sie kürnhaft. Unter den Schweiß nimmt man rothen Wein, ein wenig Eßig und Wasser, backt schwarze Rinden Brod im Schmalz, und legt sie darein. Zulezt braucht man noch Nägelein, Pfeffer, Ingwer nach Proportion der Fische, lässet es sieden, thut ein Stücklein Butter daran und backts mit Mehl und Zwibel.

425) Karpf in der Butterbrühe.

Will man den Karpfen in der Butterbrühe machen, so ist gut, wann dieselbe schon völlig fertig ist; man läßt sie noch ein wenig sieden, aber nicht zu lang, sonst scheidet es sich, und in dieser Brühe sind die Karpfen gut.

426) Gebratener Karpf.

Nachdem man den Fisch geöfnet, aber nicht geschupt,

Allerley Arten von Fischen.

schupt, nimmt man die Gallen heraus, und läßt das übrige Eingeweide alles darinn. Wenn man Salbeyen, Salz und Gewürze daran gethan, legt man den Fisch auf den Rost, und trieffet ihn mit Butter. Ist er wieder erkaltet, macht man eine Brühe darüber, läßt Schmalz heiß werden, thut kleine Zwibel darein, brennts gelb, und schüttet Eßig und Wasser daran. Hat die Brühe an dem nöthigen Salz und Gewürz gesotten, richtet man sie über den gebratenen Karpfen an, so ist er gut.

427) Auf andere Art

Oefne den geschupten Fisch auf dem Rucken, nimm die Galle heraus, lege ihn der Breite nach auf einen bestrichenen Rost, und lasse langsam braten. Darauf legt man den Fisch in ein Zinn, bächt ein wenig Mehl, und gerieben Brod mit Schmalz, schüttet Wein und Wasser darein, nachdem man viel oder wenig Brühe nöthig hat. Ist Rosmarin und Citronen Saft, auch die Schelflein davon, läßt sie sieden, schüttets über den Fisch, und legt noch ein wenig Butter darzu; wenn dieser daran aufgesotten, so ist der Fisch fertig.

Bey allen solchen Brühen ist wohl zu merken, daß man den Butter nicht zu frühe darein thue, sonsten wird die Brühe wie Milch.

428) Gefüllter Karpf.

Nimm einen geschuvt und ausgenommenen Karpfen, und vermenge dessen gehacktes Eingeweid mit geriebenem Brod, wie auch kleingeschnittenen gelb gerösten Zwibeln. Wenn alles wohl untereinander gerührt, und auf dem Feuer ein wenig gekocht worden, füllt man den Karpfen mit etlichen Eyern, auch mit Salz und allerhand gutem Gewürz, wie auch Citronenselfen an, und läßt ihn auf dem Rost, wie andere, schön langsam ausbraten. Zuletzt macht man eine gute Brühe darüber, und läßt sie noch ein wenig aufsieden, so ist der Fisch fertig.

429) Mit Roßmarin präparirter Karpf

Der Fisch wird aufgemacht, wie zum Braunsie=
den, die Stücklein in eine Kachel gelegt, der Schweif,
Eßig und Wasser daran gegossen auch gesalzen, und
mit Zwibeln, Nägelein, auch mit Roßmarin bestecket.
So wird er in die Kachel gelegt, auf eine Glut gethan,
man läßt ihn nochmals sieden zur Genüge, schwarz
Brod wird in Schmalz gebacken, die Fisch darmit
eingebrennt, und so läßt man ihn noch ein wenig ab=
kochen.

430) Gedämpfter Karpf.

Der Fisch wird geschupt, und gericht, als wie
zum Backen, man sa zt ihn ein, mit Butter legt man
die Stücklein in eine Kachel, Pfeffer, Muscatblüth und
Citronen-Schnitzlein gehören darzu, oben wird der
Fisch wieder mit Butter zugedeckt, und so läßt man
ihn bey einer Glut oben und unten so lang dämpfen,
bis er gelb aussieht, als wann er gebacken wäre.
Man muß aber die Fisch und die Stücklein nur ein=
fach legen, und nicht dicker, so giebt er selber Brühe;
wann aber nicht genug Brühe daran wäre, so gießt
man ein wenig Wein daran, und läßts noch ein we=
nig sieden.

431) Gefüllter Hecht.

Schupe den Fisch, ziehe ihm die Haut ab, mache
sie ledig unterhalb dem Kopf, aber gemach, daß alle
Schlos an der Haut bleiben, und kein Loch abgleber.
Das Brät wird von Gräten abgelößt, gehackt, und
ein oder zwey Eyer im Schmalz gebacken. Man
schüttet es samt dem Schmalz über das Fischbrät,
hackt Peterling oder Schnittlauch klein darunter, rüh=
ret es ab mit Eyern und süssem Milchrahm, auch in
Butter geröstten Brod, daß die Fülle sodann ist, gleich

einer

Fische zuzurichten. 147

einer andern. Salz und allerhand gut Gewürz kommt dazu, man füllet die Haut, und nähet sie an dem Kopf zusammen, bratet den Fisch und bestreichet ihn samt dem Rost mit Butter, besäet ihn mit Brodbrosamen, salzt ihn auf dem Rost, macht eine gute Brühe daran, mit allerhand Gewürz, auch Citronen und Roßmarin. Man kehret den Butter in Mehl um, thut ein wenig Wein, Eßig und Wasser daran, und läßt sieden; wann es gelblicht, richtets man über den Fisch an, laßt ihn noch ein wenig sieden, und gibt ihn sodann auf die Tafel.

432) Andere Hecht=Speise

Nimm von dem Hecht das Brät, sondere die Haut und Gräth davon ab, hacke sie klein, mache von einem paar Eyer ein Eyer=Schmalz, hacke es auch darunter, rühre es ziemlich lang ab, und thue nach und nach süssen Milch-Ram, zulezt auch etliche Eyer darein. Ist die Fülle in ihrer rechten Dicke, und das nöthige Salz und gut Gewürz dabey, so werden auch gewürfelte Citronen daran geschnitten. Man macht auf einem Brett langlechte Strüzlein in siedig Wasser ein, läßt sie langsam auf der Glut sieden, so gehen sie schön auf, sind sie gut gesotten, so legt mans in ein mit Butter bestrichenes Zinn, thut auch ein wenig von dieser Brühe daran. Wenn sie auf der Glut gesotten, und oben auf gut Gewürz gethan worden, so sind sie fertig.

433) Blau abgesottener Hecht.

Dieser wird auf gleiche Art, wie blau gesottene Forellen präparirt.

434) Gute Hecht=Speise.

Schupe den Hecht, schneide dicke vierecklichte Stücklein, spicks mit Citronenschelfen, sodann laß etwas Butter in einer Kachel verdämpfen, schütte eine Erbisbrühe daran, wie auch Gewürz, und den Dotter von einem Ey, legs in eine Schüssel, und auf=

Allerley Arten

gemachte oder abgeschälte Krebs umher; die Lebern von den Hechten gehören auch oben dazu.

435) Marginirter Hecht.

Man nimmt etliche Stück von vierling oder halbpfündigen Hechten, schupet solche, schneidet auf denen Seiten, wann sie ausgenommen, Schlenz darein, thut in solche Butter, Gewürz, auch Citronen-Schelfen, brate sie auf dem Rost gemach ab, unter dem Braten giesset man in die obere Seiten Tröpflein von scharfem Wein-Eßig. Ist davon genug darinn, so lässet man sie erkalten, leget sie in einen sauberen irrdenen Hafen. Hat man die erste Lage darein gethan, mit Weineßig und untermischtem Oel besprengt, auch Capern darauf gelegt, so wird mit der andern Lage und den übrigen auf gleiche Art fortgefahren. Wenn man sie sodann mit etwas beschwehret, und 8 Tage an einem kühlen Ort oder Keller hat stehen lassen, kan man davon nehmen. Auf gleiche Art können sie gebacken eingemacht, aber nicht mit Steinen beschwehrt werden.

436) Rothe oder wilde Forellen.

Diese, wenn man sie im Salzwasser abgesotten, und kalt werden lassen, werden in ein Fäßlein oder Hafen eingesezt, eine Lage nach der andern mit Capern beleget, auch mit Eßig und Oel besprengt, sind köstlicher als ein eingemachter Lachs.

NB. Man muß nicht so viel Eßig und Oel nehmen, sondern sie nur anfeuchten, sonsten wied der Fisch zu einem Mues.

437) Hecht-Würste.

Erstlich wasche den Hecht, öfne ihn, sondere das Bräty von den Gräthen ab, hacke es klein, und rühre es wohl mit Wasser ab, bis es ganz zähe ist. Hernach thut man Citronenschelfen, gutes Gewürz auch Salz darein, legt es auf ein Brett, streuet ein wenig

Mehl darauf, und formirt sie wie Bratwürst. Zuletzt siedet man sie im Wasser ab, legts auf einen Rost, oder bratet sie in einer Pfannen, streichts aber zuvor mit dem Gelben vom Ey.

438) Gebackener Fisch auf besondere Art.

Nachdem man geschupte kleine Fischlein ausgenommen, schneidet man kleine Schnittlein in den Rucken, und läßt sie im Wein einen einigen Wall thun. Sind sie wieder kalt, nimmt man etliche Eyer, verklopft sie aber nicht viel, salzt die Fischlein ein wenig ein, kehret sie in denen Eyern um, bachts im Schmalz schön gelb, und giebt sie sodann auf die Tafel.

439) Gebackener Fisch kalt in Oel.

Anstatt des Schmalzes nimm Baumöhl, laß es recht heiß werden, brenne ein wenig Brodbrosamen, gelbe Zwiebel und Knoblauch untereinander, schütte Wein und Wasser darüber, und thue das nöthige Salz und Gewürz daran. Unter die Brühe vermischt man zerknirrschte Wachholderbeere, Roßmarin, und Lorbeerblätter, wie auch Citronenscheffen und den Saft. Wenn sie gesotten, schüttet man sie über die Fische, und läßt sie noch eine Weile daran aufsieden.

440) Von den Muscheln.

Säubere die Muscheln, wasche selbige, thue sie in eine Casserole, bis daß sie sich öfnen. Sind sie nun offen, so werden sie aus ihren Schaalen gemacht, und ihr Wasser besonders aufbehalten. Thue hierauf einige Champignons mit ein wenig Butter in eine Casserole, lege die Muscheln nebst seinen Kräutern dazu, und schwenke sie einigemal auf dem Casserol-Loch um, beneze sie mit der Helfte ihres Wassers, wie auch mit eben so viel Fischbrühe, thue ein wenig gehackte Petersilien und ein wenig Pfeffer dazu. Wenn sie gar worden, so werden sie mit einem Coulis von Muschein dicklich gemacht, siehe aber zu, daß

das

das Ragout einen kräftigen Geschmack bekomme, thue es reinlich in eine Schüssel, und richte es warm an. Mit diesem Ragout werden alle Gerichte mit Muscheln an Fasttägen angerichtet.

441) Stockfisch in Senf.

Mache den Stockfisch wie gewöhnlich, schmälze ihn mit Zwibeln, laß ein Stücklein Butter zergehen, und thue angemachten Senf nach Belieben daran. Ist er recht gesotten, so stelle den Stockfisch, damit bedekt, auf.

442) Stockfisch in Milch-Rahm.

Wenn man den Stockfisch ausgewällt, so brennt man Mehl und Zwibel, wie auch Milch-Rahm und gutes Gewürz darein, läßt den Stockfisch damit sieden, salzet ihn, und legt noch ein Stücklein Butter dazu.

443) Gefüllter Stockfisch.

Nimm ein schönes Stuck, laß nur einen Wall thun, dann siede Eyer nach Proportion der nöthigen Fülle, und lasse sie hart werden. Gehackt, geriebenes Brod kommt darzu, wird mit Eyern und süssem Milch-Rahm angerührt, auch Salz, Pfeffer, Ingwer und Gewürz daran gethan. Hat man den Stockfisch damit angefüllet, auch unten und oben mit Butter belegt, läßt man ihn bey einer starken Glut unten und oben allgemach auskochen, so gibt er Brühe von sich selbsten.

444) Stockfisch zu backen.

Der gewässerte Stockfisch wird zu beliebigen Stücken geschnitten, im Mehl umgewandt, und im Schmalz gebacken, wann es beliebig, kan er also gebacken auf eine Schüssel gelegt, ein wenig Milch-Rahm und frischer Butter dazu gethan, Pfeffer und Muscatenblüth darauf gestreut, und also auf einer Kochpfannen ein wenig aufgesotten werden, so ist er recht.

445) Stockfisch zu braten.

Der Stockfisch wird gewaschen, und die Gräte her-

Fische zuzurichten. 151

herausgenommen, hernach etlichmal mit heissem Wasser, das wohl gesalzen ist, abgebrüht, inwendig ein wenig Pfeffer und ein gut Theil Butter nebst ein wenig Salz gethan, wieder zugebunden, aber zuvor wohl ausgedruckt, daß das Wasser davon kommt, weil er im Braten sonst gerne zerfällt, alsdann mit einer Fischreissen in einer Bratpfanne zum Feuer gesezt, daß der Butter aus dem Fisch darein lauffen kan; selbiger wird ferner mit Butter betreift, oft mit der Reissen umgekehrt, daß er also schön abgebraten werde; wenn er nun fertig ist, strette Ingwer darauf.

446) **Guter Laperdon.**

Siede einen wohl gewässerten Laperdon in einer messinen Pfannen eine gute Weile, begiesse ihn ein wenig mit Wein und Wasser, thue Ingwer, Muscatblüth und ein gutes Stück Butter daran, brenne es mit einem Löffel voll Mehl ein, schneide Peterlin-Kraut darunter, und laß es auf diese Art noch ein wenig aufsieden.

447) **Gebratener Aal-Fisch.**

Erstlich schlag ihm einen Nagel durch den Kopf, löse ihm rings herum die Haut auf, dann nimm, weil er zu schlüpfrig, und ihn nicht halten kanst, ein trockenes Tuch, ziehe ihme damit die Haut ab, nachgehends schneide ihn zu Stücklein zwey Querfinger dick, und stecke ihn an den Spleß. Unter dem Braten wird er mit zerlassenem Butter und Citronen-Saft stark geträufet, sodann, wann er fertig, in eine wohl warme Zinn-Platte gethan, und warm gespeißt.

NB. Wann man sie erkalten lassen will, so können sie auch in Oehl und Eßig gespeiset werden, sind auch nicht gar gail zu speisen.

448) **Neunaugen auf dem Rost zu braten.**

Hast du die Neunaugen behörig zubereitet, so schneide sie in Stücken, wie einen Aal, den man auf dem Rost braten will, schmelze darauf ein Stück

Butter, thue die Stück von diesen Fischen in die Casserole, wende selbige darinnen um, bestreue sie mit Semmelbrosamen, und brate sie bey gelindem Feuer auf dem Rost, richte sie hernach mit einer braunen Sauce an.

Die Sauce wird gemacht aus einem kleinen Stück Butter, welche nebst so viel Mehl, als man zwischen 2. oder 3. Fingern fassen kan, in einer Casserole braun zu braten, hernach thue ein wenig kleine Zwibeln, gehackte Petersilien, einen gehackten Champignon, ein wenig Capern, und eine Sardelle dazu, würze es mit Pfeffer und Salz, giesse ein wenig Fischbrühe daran, und mache es mit einem Krebs- oder andern Coulis dicklicht, siehe zu, daß die Sauce einen kräftigen Geschmack habe, thue sie auf den Boden einer Schüssel, lege die Fische da herum, und richte es zusammen warm an.

Man kan sie auch mit einer süssen Sauce zurichten mit Weinessig oder Wein, einem Stück Zucker, ein wenig ganzem Zimmet, und einem Lorbeerblatt; dieses alles lasse zusammen kochen, nimm den Zimmet und Lorbeerblatt heraus, leg die auf dem Rost gebratene Fische um selbige herum, und richte es warm an.

Man kan auch diese auf dem Rost gebratene Neunaugen mit Baumöl anrichten. Man klopft nemlich in einer Schüssel Baumöl, Weinessig, gutn Senf, Salz, eine Sardelle, ein wenig gehackte Kapern und Petersilien durcheinander, thut solches alles in ein Saucen-Näpflein, setzt dasselbe mitten in die Schüssel, worein man anrichten will, belegt den Rand der Schüssel mit den Neunaugen, und richt sie zu Beygerichten an. Solche gebratene Fische werden auch trocken zum Beygericht angerichtet.

449) Platteißlen zu mariniren.

Mache dieselbe behörig zurecht, nimm sie aus,
schneide

schneide ihren Rucken hier und da ein, damit die Marinade eindringe, marinire sie einige Stunden in unreiffen Traubensaft, Salz, Pfeffer, mit kleinen Zwibeln, Lorbeerblättern und Citronenscheiben, tuncke sie in geschmolzenen Butter, bestreue sie mit Salz und feinen geriebenen Semmelbrosamen, setze sie in einer Tortenpfanne in Ofen, und wann du glaubst, daß sie gar seyen und sich wohl gefärbt haben, so richte sie an; belege sie aber mit kleinen Pastettlein, oder gerösteten Semmel-Rinden und Petersilien.

450) Schollen zu backen.

Nimm sie oben an der Seite des Kopfs aus, schuppe sie ab, wasche sie und trockne sie wieder ab, darauf im Mehl umgewendet, der Rucken aufgespalten, und in Butter gebacken; wenn solches geschehen, und sie sich wohl gefärbt haben, so nimm sie heraus, laß sie austropfen, lege eine Serviette über der Schüssel, darein sie angerichtet werden sollen, zusammen, lege die Schollen darauf, und richt sie mit gehackter Petersilien an. Gemeiniglich werden sie mit gestossenem Pfeffer, Salz und Citronensaft geessen.

451) Platteißlen in einer Rahm-Brühe.

Mache eine Lauge wie an den Stockfisch, über die Plattelslein, lasse sie über Nacht, oder noch länger daran stehen, wässere sie sodann 1. oder 2. Tage, und stelle in einer Pfannen kalt Wasser über das Feuer, lasse es aber nicht stark sieden. Hat man sie vom Feuer weggethan, läßt man sie noch eine Weile am warmen Wasser stehen, legts in eine Zinn-Schüssel, und macht eine Brühe daran. Man nimmt Schmalz in eine Pfannen, thut einen Löffel voll Mehl, ein wenig Zwibel und süssen Milch-Rahm darein, zerklopfet das Gelbe von einem Ey, und lässet es sieden, streuet auch Salz und Gewürz auf die Platelslein. Hat man die Brühe daran geschüttet, so wird

154 Allerley Arten von Fischen.

sie noch eine Weile auf Glut gestellet, und sodann auf die Tafel gegeben.

452) Gebackene Krebs.

Siede Krebs ab, nimm die obern Schalen und Füsse davon, rühre etwas Mehl mit heisser Milch und Eyern an, salze es, kehre die Krebs darinnen um, und backs im Schmalz.

453) Maurachen recht und gut zu präpariren.

Sie mögen gedörrt, oder grün und frisch aus dem Wald genommen werden, so müssen sie zu allererst gewaschen, und durch ein Wasser gezogen werden. Butter braucht man nach Proportion der Maurachen, wie auch ziemlich Salz und Pfeffer, sodann läßt man sie auf einer Glut dampfen, aber kein Wasser wird daran geschüttet, dann sie geben von selbsten eine wohlgeschmackte Brühe.

Register.

Register.

A.

Aal=Fische zu braten 19. 151	Aeschen, gebratene 19
Potage 118	Amarillen, canditte 65
Aepffel=Dorten 29. 135	grüne einzumachen. 59. 65.
halbirte Reinette einzumachen. 63	trockene 65 sq.
trocken einzumachen. 104 sq.	ungeschälte 66
	zeitige einzumachen 65
Küchlein. 125	Amelen einzumachen. 106
Mues. 127	Amarellen=Dorten 29
Speis. 136	Artischocken, eingemachte 43
Strauben 139	

B.

Backwerk, aufgeloffenes von Mandeln und Lemonien=Safft. 81	Biberschwaif mit den Füssen zu kochen 22 q.
Barben=Potage. 119	Biren=Dorten 29
Bersich=Potage 120	Biren, Muscateller, einzumachen 68
Biber zu kochen 22	

Register.

Biren, Salzburger, einzumachen 62
Brachsen zu braten 20
Brod-Dorten 110
Butter-Brühe, zu Stock- und andern Fischen tauglich 26
Butter-Kräpflein mit Mues. 31

C.

Caramel 57
Champignons 42
Chocolade-Dorten 140
Citronat-Dorten 30
  Salat 37
  Saft 76
Citronen-Brod 92
  einzumachen 103
  Guß 78 sq.
  Käßlein 80
  Mueß 128
  Ringlein 90
  Schnitten 87. 103
Closterbeer, grüne 60
Commis-Brödlein 97
Composte von Aepfeln 46
  Biren 48 sq.
  Castanien 47
  Citronat 46
  ganzen Lemonien 47
Patzelbeere 48
Pomeranzen 47
Quitten 49
Confect, blaues 105
  unterschiedlicher Gattung 44 sq. 70.
  weisses 91
  Schaalen zu machen 83
Conserve, von allerley Früchten 55
  geriebenen Lemonien-Schaalen 54 sq.
  Kirschen 56
  Margaranten-Aepfeln 56
  Pischtasch 56
  Pomeranzen-Blüth 54
  Violen 56
Cucumern-Suppe 8

D.

Dorten, zerschiedene 28
Dotter-Mues 126
Dreschen, blau gesotne 11
  eingemachte 13

Register.

E.

Erbis-Mues, grünes 129
   Suppe 8
Erdbeer-Latwerg. 104
Eyer, mit Agreß 36
   eingerührte in Gläser 36
   in Schnee 36
   mit Käß 36
   mit Sardellen 35
   Fricaßirte mit Brod und Käß 39
   mit Milch-Rahm 34
   mit Petersill 35
   mit Zwibel 35
   gefüllte 33
Eyer, gekochte mit braunem Butter 33
   mit Brod 33
   mit Milch 34
   in Spiegel 33
   in Wasser verlohrne 35
Dorten, von hartgesottenen 129
Dotter-Suppe mit Milch 8
Zieger 136

F.

Fasolen, oder Garten-Bohnen 43
Felchen, oder Ferchen,
   blau gesottene 10
   eingemachte 15
   gebackene 17
   gebratene 19
   gekochte mit Baum-Oehl 15
   kleine auf Papier 16
   Pasteten 27
Fisch, gebackene auf besondere Art 149
   kalt in Oehl 149
   Pasteten 27 sq.
Forellen, blau gesottne 142
   Brühe, 143
   rothe oder wilde 148
Fricassee, von geschnitzten Eyern 34
Frösche, zu kochen 24
   zu backen 24

Register.

G.

Gewürz-Muscheln	91	Grundeln zu backen	146
Gries-Mehl-Küchlein	123		

H.

Haber-Mehl-Suppe	116	marinirte	148
Hagenbutzen gefüllte	96	Hecht-Knödel	128
Mues	127	Würst	148
Haiderling	41	Herbstling, oder Faistling	42
Hausen zu kochen	22	Hirschhörner	140
Hechte, blau gesottene	12	Holder-Küchlein	124
eingemachte	14	Hollbeer-Dorten	29
fricaßirte	14	einzumachen	66
gebackene	18	Huechen, blau gesottene	10
gebratene	19	eingemachte	15
gefüllte	13. 146	gebratene	20

J.

St. Johannis-Beer	67	Julep, von Rosen	72

K.

Karpfen, in einer Butter-Brühe	143	eingemachte	13
blau gesottene	10	gebackene	18
braun gesottene	144	gebratene	19. 144
		gedämpfte	146

ge-

Register.

gefüllte	12. 145	Köhl-Schnitten	141
gesulzte	144	Kräuter-Suppe	1
mit Rosmarin präparirte	146	Krebs-Flädlein	134
		gebackene	154
Pastete	27	Mues	126
Potage	118	Potage	2
Suppe	8	Strauben	139
Kayser-Pflaumen einzumachen	62	Suppe	1
		Kressen, gesottene	11
mit den Schaalen	62	Küchlein, zerschiedene	122 sq.
Kirschen-Dorten	29		
eingemachte	66	Kürbis-Suppe	7

L.

Lachs, zu kochen	16	von Mandeln	98
Lachsfelchen, blau gesottene	9 sq.	Oesterreichische	405
		weisse von Zucker	110
gesälchte zu kochen	17	Lekerlen, köstliche	95 sq. 110
Laperdong, zu kochen	21. 151	Lemonade zu machen	77
Latuken, Romanische, einzumachen	58	Lemonien, aufgeloffene	81
Lauch- oder Pore-Supp	8	eingemachte	58
		gefüllte	129
Lebkuchen, aufgeloffene	100	Käßlein	80
		Linsen-Suppe	9

M.

Macronen Supp	101 9	Mandeln, aufgeloffene	18. 95

)(

ge=

Register.

Mandeln gebackene 107. 11
  grüne einzumachen 60
                          66
  überzogene   91
  überzuckerte   98
  Dorten   99. 112
  Milch   107
Mandel-Mues   125
  Ringlein   93 sq. 98
  Schmalz   102
  Schmarren   130
  Schnitten   92
Marcepan, aufgeloffener 51. 98
  gemeiner   50. 86
  königlicher   50
  krauser   51
Marcepan, linder 52
  mit Eiß   53
  spanischer   89
  von Lemonien 53
  von Pomeranzen 52
Marillen, candirte 65
  eingemachte, ohne Kern 61

grüne eingemachte 59.
                        65
  ungeschälte   66
  zeitige einzumachen 65
Maulbeer, einzumachen 68
Maultäschlein 110. 113
Mayen-Mues   114
Melonen-Dorten 29
Milchrahm-Eiß 135
  Strudeln   136
Morachen, oder Morchen, gut zu präpariren 41. 154
Mues, von zerschiedener Art   31 sq. 125 sq. 131
  Dorten   31
Müeßer, aufgezogene 126 sq.
Muscateller-Birn einzumachen   68
Muscazin-Dorten 111
Mascazenlein   111
Muscheln.   149

N.

Neunaugen zu backen, 18
  auf dem Rost zu braten 151
Nudeln, gefüllte 131

geschupffte   137
von saurem Milchrahm 130
Mues   126

Nussen,

Register.

Nussen, ohnzeitige, ein-
 gemachte 94

welsche, weiß einzuma-
 chen 67

O.

Obst, allerhand, von
 Quitten-Taig 95

Obst, frisch zu erhalten 99
 trocken einzumachen 97

P.

Pasteten, zerschiedene 28
Pfersich-Dorten 28
 einzumachen 62. 69
Pfirschen candirte 65
Piscotten, oder Zucker-
 Brod 94
 kleine 95
Pisquitten 106
Pistasch-Mues 32
Platteißlein, in einer
 Rahm-Brühe 153
 zu mariniren 152
Pomeranzen ganze einzu-
 machen 57. 103
 ganz candirte 64

Pomeranzen-Blüthe ein-
 zumachen 50
 candirte 64
 Mues 140
 Schaalen einzumachen
 58
Potage, von Aal
 118 sq.
 von Barben 119
 von Bersichen 120
 von gefüllten Karpfen
 118
 von Krebsen 2
 von Schleyen 4
 von Schollen 121
 weisse, von Zwibeln
 118

)(2

Regiſter.

Q.

Quitten = Brod	93	einzumachen	82
Dorten	29	Quitten = Schnizlein klein gewickelte in gläſernen Schaalen zu machen	82
einzumachen	63. 70		
Käß	93		
Latwergen	95. 101	Speis.	134
Leckerlen mit Zucker	95. 114	Sulz	111
Saft, rothen zu machen	85	Werck, das weiſſe in die Mödel zu machen.	80
Schnitten in Zucker		Zelten	100

R.

Recept vor das Brennen	78	Roſen = Honig	106
Reiß = Dorten	133	Julep	105
Mues	32	Knöpffe einzumachen	64
Rencken, geſelchte zu kochen	17	Küchlein	123
zu backen	18	Roſolis, zu machen	76
zu braten	20	Ruetten, zu backen	18
Rieben, gelbe aus Brod	132	zu braten	20 ſq.
		blau geſottene	11
		eingemachte	13

S.

Sälbling, blau geſottene	10	Salat, von Antivi	41
eingemachte	15	Artiſchocken	37
		Brocholi	38

Salat

Register.

Salat, Capern	40	Suppe	4
Carviol	39	Schnecken zu kochen	23
Cigory	38 sq.	Schnitten	142
Citronen	37	Schollen-Potage	121
Cucumern	39	zu backen	153
Hopfen	38	Schwämme einzumachen	43
Kräutern	40	Semmel mit Krebsen	139
Lud- oder Liebstöcklen	39	Spargeln, eingemachte	43
Oliven	40	gesottene	37
Poreley oder Pürzeln	40	Suppe	6
Rabunzen	41	Spinat-Dorten	30
Sardellen	40	Knödel	128
von Sellerl	38 sq.	Sprüzen-Küchlein	124
Spargeln	37	Stiel zu kochen	22
jung gesäeter	41	Stockfisch, gefüllt er	150
Kropff-Salat	41	gekochter	21
Nistel-Salat	41	in Milch-Rahm	150
Poloneser	41	in Senf	150
Salmen zu kochen	16	zu backen	150
Sardellen-Brühe mit Butter	25	zu braten	150
mit Oel	26	Strützel, süsse	134
rothe	26	Sulz, von allerhand Früchten	71
Schildkroten zu kochen	23	von besonderer Art	108
Schleyen, gebackene	18	Suppe an einem Fasttage	115
blau gesottene	11	a la Princesse,	6
eingemachte	14	a la Reine, oder Königliche	5
Fricassirte	14		
gekochte mit Knoblauch und Baumöl	15		

Register.

Suppe von Bier 115	Linſen 9
Calecutiſche 116	Macronen 9
von Catucken, gefüllten 7	Mandeln mit Milch 8 ſq.
von Cucumern 8	Milch und Eyerdotter 8
Dotter 116	
Erbis 8	Pore oder Lauch 8
Eyern-Strüzeln 116	Sardellen 117
Fiſch-Rogen 116	ſaurem Milch-Rohm 117
Haber-Mehl 116	
Karpfen 3	Schleyen 4
Kräutern 1	Schnecken 115
Krebſen 1	Spargeln 6
Kürbis 7	Waſſer, welſche 117

T.

Taig, Hochaufgehender zu zerſchiednem Backwerck 138	Tardoffeln, Italieniſche 42
zu aufgeloffenem Zuckerwerck 84	Tragant, ſo in die Mödel gedruckt wird, Zuckerwerck anzuſetzen 85
zu durchbrochenem Zucker 83	

V.

Violen-Saft, blauen zu machen   102

Wäller,

Regiſter.

W.

Wäller, blau geſottene	11	Pomeranzen-Blüth	72
gebratene	20	St. Johannes-Beeren	73
Waſſer, von Agreß	78	Zimmet	74
Amerellen	73	Waſſer-Strauben	130
Anis	74	Weichſel-Dorten	29
Citronat	74	eingemachte	66. 196
Coriander	74	Wein, (Abrenten)	77
Erdbeer	73	Weinbeerlein, grüne ein-	
Hollbeer	72	gemachte	60. 66
Jaſmin	72	Weintrauben, Muſcatel-	
Kirſchen	73	ler, einzumachen	69
Marillen	73	unzeitige	63. 70
Muſcateller-Roſen	72	Würſt, in der Faſten-	
Pomeranzen	74	zeit zu machen	25

Y

Ypocras, von rothem Wein	75	Ypocras, von weiſſem Wein	75

Z

Zimmet-Sulz	107	Art geſotten, zu einge-	
Zieglen zu backen	18	machten Sachen	44 ſq.
Zucker, auf zerſchiedene		das Confect damit zu	

über-

Register.

überziehen, zu clarificiren, oder zu läutern 79
roth zu färben 85
schön aufgeloffen zu machen 79. 88
zum Candiren 90
Zucker-Brod 94. 106
Eiß 85. 92
gebackenes zum Trunck 102

Käß 88
Schnee 89
Täfelein, rothe 84
Zwetschgen, eingemachte, welche den Kern lassen 68
Schnitten 130
Zwiebel-Potage 118

Trenchier-Buch.

Tübingen,
bey Johann Georg Cotta.
1783.

Trenchier = Büchlein.

Daß ehedessen an denen hohen Höfen und anderen vornehmen Häusern besondere Trenchier = Meister, welche die Speisen sowol zerschnitten, als auch vorgelegt, bestellet gewesen, ist eine männiglich wohl bekannte Sache. Diese Bedienung aber ist heut zu Tage nicht mehr üblich, doch hat noch derjenige, welcher die Speisen geschikt und artig zerschneidet und vorlegt, auch eben diesen Namen eines Trenchier = Meisters. Vordersamst aber wird von einem solchen erfordert, daß er von Person wohlgestalt, geschikt, flink und wohl gekleidet seye, weilen er vor seiner gnädigen Herrschaft, auch zuweilen vor fremden hohen Gesellschaften in diesem Amt erscheinen, die Speisen zerschneiden, auch selbige denen Gästen vorlegen muß. Und wer wird wohl in Abrede ziehen, daß ein Feder = Wildpret und anderes Geflügel, auch andere Braten und Speisen vor einer ganzen Tisch = Gesellschaft zierlich zu zerschneiden etwas galantes und wohlanständiges seye. Wer nun dieses Amt vertreten und die Speisen zerschneiden will, der muß

1) wann er mit am Tische sizt, vordersamst jederzeit, dieses zu verrichten, auffstehen; Sodann aber

2) mit denen hiezu gehörigen Instrumenten, als Messer, Gabeln, auch sauberen Tellern in behöriger Grösse und Stärke zum Ueberfluß versehen seyn. Dann wie lächerlich würde es nicht lassen, wann ein Trenchier-Meister allererst während seiner Verrichtung bald dieses bald jenes fordern müßte.

3) wird nach eines jeden eigener Erfahrung die vorgelegte Speise geschikt angegriffen.

4) nimmt ein solcher seine ihme vorgelegte Serviette zu sich, macht an das eine Eck derselben einen Knopf, und ziehet selbiges durch eines der obersten Knopflöcher seines Kleides, damit er bey Wendung der Speisen oder etwa fehlerhaften Schnitt sich und die Kleider nicht besprüze.

5) Um aber ebenfalls das Tafeltuch nicht unsauber zu machen, so wird wohl gethan seyn, wann ein solcher einige Teller um sich herum stellet, um jezuweilen sein fettes Messer auf das Teller, nicht aber auf das Tischtuch zu legen.

6) muß ein solcher Trenchier-Meister sein Zerleg-Messer, wo er einen harten und starken Schnitt thun muß, am Ende der Klinge, wo es am stärksten ist, ansetzen; soll aber nur ein leichter Schnitt geschehen, so setzet er nur mit der Spitze des Messers an, und führet solches bis zur Mitten.

7) hat er ebenfalls die Aerme geschlossen an sich zu halten, und ja nicht auseinander zu breiten, als wodurch er nur ermüdet würde.

8) währendem Trenchiren aber muß sich selbiger nicht viel in Gespräch einlassen, dann hiedurch würde er die Gäste in ihrem Appetit nur aufhalten, und könnten ja die Speisen unterdessen erkalten.

9) Wären aber ohngefehr einem solchen einige

Trenchier-Büchlein. 5

bekannt, so muß er vor dem Angriff der Sache sich dessen erkundigen, damit man ihn nicht bey der Tafel vor ganz unwissend halte.

Gleichwie aber die Trenchirung des Geflügels das allerschwerste und am wenigsten bekannt ist; als halten wir vor nöthig, die Namen aller Juncturen und Gelenken zum voraus zu benennen und herzusetzen. Die Benennung aber derselben wird aus folgender mit Ziffern bezeichneten Figur mit mehrerem deutlich zu ersehen seyn:

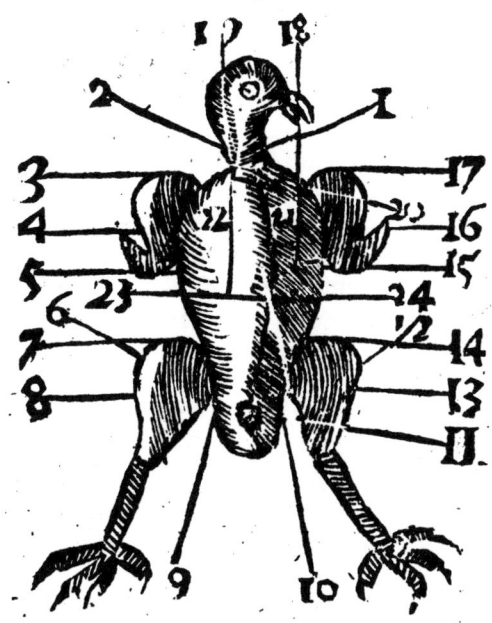

1. Die linke Seite am Hals.
2. Die rechte Seite am Hals.
3. Das obere Gelenk am rechten Flügel.
4. Das kleine Gelenk am rechten Flügel.
5. Das untere am rechten Flügel.

6. Das Knie-Gelenk am rechten Flügel.
7. Das obere vom rechten Schenkel.
8. Das untere vom rechten Schenkel.
9. Die rechte Seite am Bürzel.
10. Die linke Seite am Bürzel.
11. Der Bürzel.
12. Das Knie-Gelenk am linken Schenkel.
13. Das untere am linken Schenkel.
14. Das obere am linken Schenkel.
15. Das untere am linken Flügel.
16. Das kleine Gelenk am linken Flügel.
17. Das obere am linken Flügel.
18. Das Oberstück von der Brust.
19. Das Unterstück von der Brust.
20. Der Springer.
21. Das rechte Achselbein.
22. Das linke Achselbein.
23. Die rechte Seite am Gerippe.
24. Die linke Seite am Gerippe.

Gleichwie aber unsers Wissens in Ansehung der Trenchier-Kunst noch kein vollkommener Tractat vorhanden, auch niemand aus einem Trenchierbuch von sich selbst so viel erlernen wird, daß er sich einen vollkommenen Trenchier-Meister nennen darf, eben so wenig als man aus einem Fecht- oder Tanzbuch alle Kunstgriffe der Fechtkunst, oder alle Zierlichkeit der Schritte in der Tanzkunst erlernen kan, wann anderst keine praktische Anweisung hinzu kommet, weil solche ohne gewiße körperliche Bewegungen nicht vollzogen werden können; so gibt es dannoch jezuweilen solche geschikte Köpfe, welche sowol durch Hülfe eines Buchs, als auch durch ihr eigenes fleißiges Nachsinnen, die Sache manchmal viel weiter treiben, als ihnen in dem Buch vorgeschrieben gewesen, und dahero in den Stand kommen, viel deut-

Trenchier-Büchlein.

lichere Regeln davon aufzusetzen; wir geben demnach hiemit ebenfalls nur einigen Unterricht, und wollen zeigen, in wie ferne ein und das andere nach heutiger Manier auf zerschiedene Art könne trenchiert und zerleget werden. Um aber alles, so viel möglich, ganz deutlich zu machen, so haben wir nicht allein die Figur verschiedener Geflügel und anderer Braten, sondern auch derselben Schnitte durch Zahlen mit einer Erklärung allemal beygesetzet.

Wir machen den Anfang von denen Namen der vornehmsten Schnitte, ehe wir von würklicher Trenchirung selbst reden, und sagen, daß hauptsächlich deren an der Zahl Sieben seyen; obwohlen andere etwa mehr oder weniger Schnitte vorgeben, auch sie mit andern Namen belegen mögen.

Der erste Schnitt wird genennet: Oberschnitt.
Der zweyte: Unterschnitt.
Der dritte: Spaltschnitt.
Der vierte: Gegen- oder Contra-Schnitt.
Der fünfte: Hohlschnitt, so meistens die Form eines halben Mondes hat.
Der sechste: Querschnitt.
Der siebente: Creuzschnitt.

Trenchier-Büchlein.
Trenchierung der Taube.

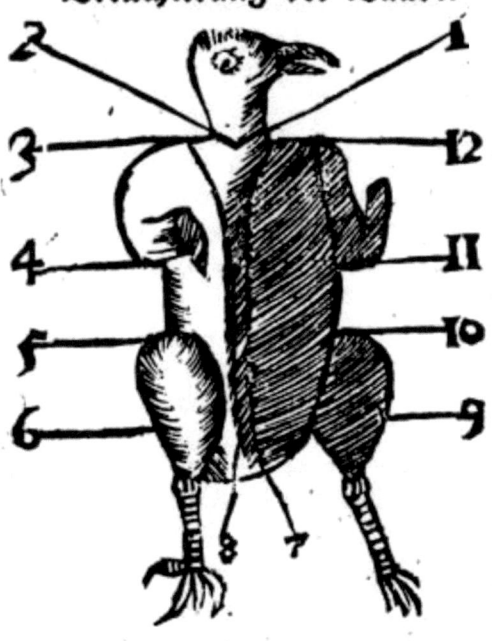

Willt du solche nach Art und manierlich zerlegen, so setze die Gabel also an, daß der eine Zink derselben von der Spitze des Bürzels in den Cörper hinein gehe, der andere Zink aber langst dem Geripp ausserhalb seye, und die Haut des Geripps in etwas mitfasse, daß also dein Geflügel auf der Gabel fest hält, und deine Trenchierung gleichsam in der Luft geschehen kan. Halte diese Taube an deiner Gabel aber so, daß du derselben Brust beständig im Gesicht habest. Hierauf fange an, wie in obiger Figur der erste Schnitt ausweiset.

Den Hals zu lösen.

1) Geschiehet der Oberschnitt von der Rechten zur Linken in die Helffte des Halses bis gegen die Brust herein; mache hierauf

2) den

2) den Gegenschnitt am Halse von den Linken zur Rechten, so fällt der Hals ab.

Den rechten Flügel zu lösen.

3) Den Oberschnitt dieses Flügels zierlich zu machen, so suche und fühle fleißig mit dem Messer wegen des Gewerb-Beins; hast du nun solches, so thue den Schnitt, nehme dich aber in Acht, daß du nicht zu weit in die Brust schneidest, wodurch selbige geschändet würde.

4) Der Gegenschnitt geschiehet unter dem Flügel fein in die Runde, und auf diese Art wird dieser Flügel mit einem kleinen Messerstoß heraus fallen.

Den rechten Schenkel zu lösen.

5) Setze das Messer über das Knie-Gelenk des rechten Schenkels, und mache gleichsam einen Hohlschnitt bis in die Mitte.

6) Den Gegenschnitt mache unter den Schenkel, siehe aber zu, daß du das hintere Gelenk des Schenkels, so bey dem Gerippp nahe an der Gabel ist, mitfassest, und auf diese Art ist der Schenkel gelöset, und wird ebenfalls durch einen kleinen Messerstoß abfallen.

Das Brust-Stük auf der rechten Seite abzulösen.

7) Thue einen langen Spaltschnitt von der rechten Seite des Bürzelbeins gegen der Brust bis zum Achselbein hinauf; sodann aber

8) den Gegenspalt-Schnitt zu eben diesem Stük, hart bey dem Brustbein weg, und so wirst du ein gut Bruststück bekommen.

Den linken Schenkel zu lösen.

9) Geschiehet der Unterschnitt zu diesem linken Schenkel, wobey man aber das hintere Gelenk am Gerippe mitfassen muß, wie bey 6) gemeldet worden.

10) Mache den Gegenschnitt vom Knie-Gelenk oben herunter, um diesen Schenkel zu lösen, und stosse

stoffe ihn sodann mit einem Druck des Messers vollends ab.

Ablösung des linken Flügels.

11) Der Unterschnitt zum linken Flügel geschiehet von unten herauf; und sodann

12) Der Gegenschnitt von oben herab, welcher aber wegen des Gewerbbeins, wie bey 3) gesagt worden, durch Fühlen gefunden werden muß.

Das Bruststück auf der linken Seite wird abgelöset, wie das von der Rechten. Besiehe 7) und 8).

Eine andere Art die Taube zu trenchiren.

Von der Mitte des Bürzels an schneide durch Brust, Hals und Kopf, so daß zwey gleiche Theile daraus werden; alsdann nimm die rechte Helfte,

Trenchier-Büchlein.

schneide daraus fünf Stück, wie die Figur ausweiset. Das 1ste Stück ist der Kopf nebst dem Hals, und etwas oben von der Achsel. Das 2te der Flügel. Das 3te das Seitenstück. Das 4te der Schenkel, und das 5te die rechte Seite des Bürzels. Mit der linken Helfte verfahre auf gleiche Weise, jedoch so, daß du ebenfalls bey dem Bürzel anfangest zu schneiden, wie die Figur bey der Zahl 6) anzeiget.

NB. Ueberhaupt aber wird die Taube, weilen sie nicht groß, meistentheils nur in zwey gleiche Stück der Länge nach zerschnitten, oder auch darauf durch einen Creuzschnitt in 4. Theile getheilet; und dieses ist die beste und bequemste Art.

Trenchierung eines gesottenen Huhns.

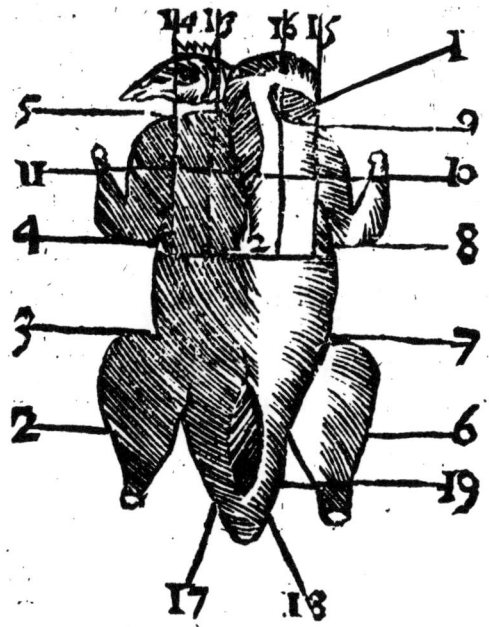

Die Gabel wird bey dem Huhn angesetzt auf gleiche Art und Weise, wie kurz vorher bey der Taube gemeldet worden.

1. Löse den Hals durch einen Schnitt von der Linken zur Rechten ab.

2. und 3. mache den Unter- und Oberschnitt, um den rechten Schenkel abzulösen; solcher geschiehet, wie bey der Taube, doch mit dem Unterscheid, daß man den Unterschnitt zuerst thue.

4. und 5. geschiehet der Unter- und Oberschnitt zu Ablösung des rechten Flügels, wie bey der Taube; mache aber ebenfalls den Unterschnitt zuerst. Hierauf

6. und 7. löse den linken Schenkel ab durch Unter- und Oberschnitt, eben so, wie den rechten Schenkel.

8. und 9. löse den linken Flügel ab, wie den rechten.

10. Schneide von der linken Seite durch das Fleisch hinein, bis auf die Helfte der Brust; und hierauf

11. mache den Gegenschnitt von der rechten Seite, bis auf die Helfte der Brust.

12. Geschiehet ein Schnitt quer über die Brust.

13. 14. 15. 16. sind vier Spaltschnitte auf der rechten und linken Seite der Brust, von oben herunter bis zu der Zahl 12.

17. 18. sind zwey Spaltschnitte von der rechten und linken Seite des Bürzels hinauf, bis zu eben dieser Zahl 12.

19. Schneide den Bürzel ab.

Trenchier-Büchlein. 13
Zerlegung des Capauns.

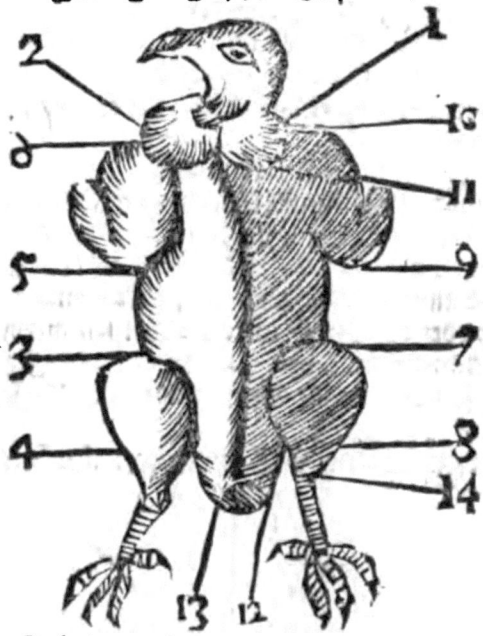

Die Gabel wird auf gleiche Weise, wie bey der Taube, angesetzt.

1. Schneide schregs in den Hals von der Linken zur Rechten; und

2. von der Rechten zur Linken, so fällt er ab.

3. und 4. löse den rechten Schenkel durch einen Ober- und Unterschnitt ab; auch

5. und 6. den rechten Flügel durch einen Unter- und Oberschnitt.

7. und 8. wird durch Ober- und Unterschnitt der linke Schenkel, und

9. und 10. durch Unter- und Oberschnitt der linke Flügel abgelößt.

11. Um das Bruststück behm Halse abzunehmen,

14 Trenchier-Büchlein.

12. die linke Brust abzulösen, mache einen langen Spaltschnitt von der Spitze des Bürzels an, und

13. wird die rechte Brust, wie die linke, durch einen Spaltschnitt abgelöset, auch

14. der Bürzel, etwas oben, wo er am dünnsten ist, abgeschnitten.

Anmerkungen.

Die zwey Bruststücke können nach Belieben wieder besonders in etliche Stücke verleget werden.

Und weil die Schenkel und Flügel an dem Capaun grosse und ansehnliche Stücke seyn, so kan auch ein jedes davon wieder in zwey Stücke zerschnitten werden.

Die Achselbeiner, obwohlen sie in keiner Figur bezeichnet, sind leicht ohne Schnitt mit dem Messer auszuheben.

Trenchierung des welschen Hahns.

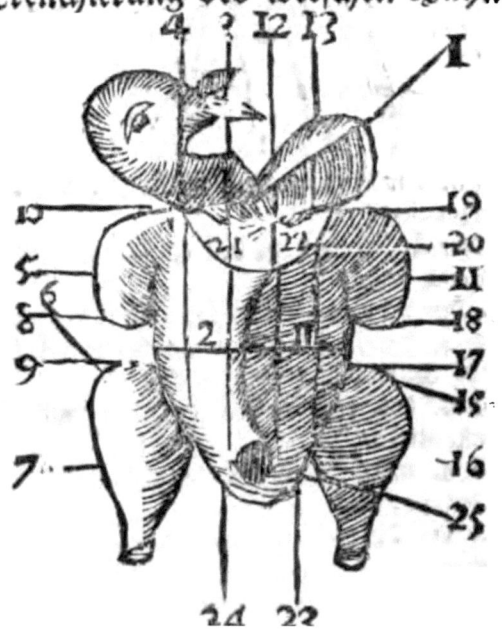

Trenchier-Büchlein.

Wellen ein welscher Hahn etwas schwer, so wird vorderſamſt eine ſtarke Gabel erfordert, ſelbiger aber daran veſt angeſteckt, und zwar auf nemliche Art, wie wir bisher bey anderem Geflügel gemeldet haben.

1. wird in einem Schnitt der Hals von der Linken zur Rechten abgelöſet; ſodann thue
2. einen Querſchnitt über die rechte Helfte der Bruſt.
3. 4. zwey lange Spaltſchnitte auf der rechten Bruſt von oben herab bis herunter auf die Zahl 2.
5. löſe das obere rechte Seitenſtück durch einen Querſchnitt ab.
6. wird das Knie-Gelenk am rechten Schenkel aufgelöſet, und
7. geſchiehet ein Unterſchnitt zum rechten Schenkel gegen dem Knie-Gelenk hinauf, und
8. ein Unterſchnitt zum rechten Flügel hinauf, wie dann hierauf
9. das Fleiſch, ſo noch an der rechten Seite vom Schenkel hanget, ingleichem
10. der rechte Flügel durch einen Oberſchnitt völlig abgelöſet wird.
11. Thue einen Querſchnitt über die Helfte der linken Bruſt, wie bey der Zahl 2. und
12. 13. zwey lange Spaltſchnitte von oben herunter auf der linken Bruſt, wie bey den Zahlen 3. 4.
14. einen Querſchnitt, um das obere linke Seitenſtück abzulöſen.
15. Löſe das Knie-Gelenk am linken Schenkel durch einen Oberſchnitt auf; und
16. thue einen Unterſchnitt zum linken Schenkel gegen dem Knie-Gelenk auf, wie auf der rechten Seite, bey der Zahl 7.
17. wird das Fleiſch, ſo noch an der linken Seite vom Schenkel hanget, völlig abgelöſet.
18. aber geſchiehet ein Unterſchnitt zum linken

16 Trenchier-Büchlein.

Flügel, wie bey der Zahl 8. auf der rechten Seite, und

19. ein Oberschnitt zum linken Flügel, um solchen, wie bey der Zahl 10. völlig abzulösen.

20. Schneide die Halsbrust völlig heraus, und

21. 22. wird das rechte und linke Achselbein ausgehoben.

23. Mache einen langen Spaltschnitt unten von der rechten Seite des Bürzels hinauf, bis zu der Zahl 2. und

24. einen ebenmäßigen Spaltschnitt auf der linken Seite, bis zu der Zahl 11. Endlich und

25. wird der Bürzel abgeschnitten.

Wir bergen keineswegs, daß der welsche Hahn noch auf unterschiedene Arten trenchiert werde, nachdeme es diese oder jene Landesart mit sich bringet, welche aber anzuführen, allzuweitläuftig wäre.

Zerschneidung einer Gans.

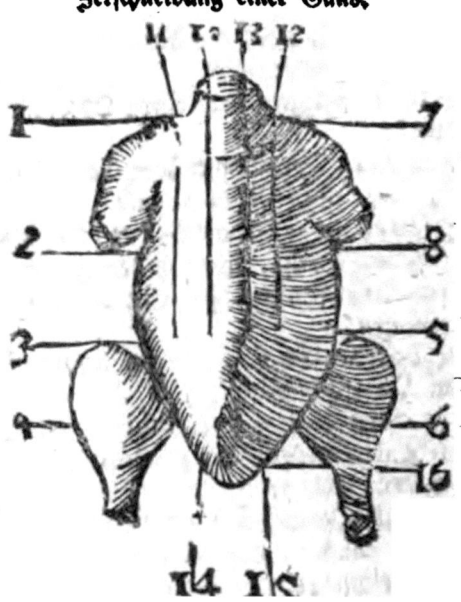

Mitten in den Rucken stecke die Gabel, drehe die rechte Seite der Gans gegen dein Gesicht und mache

1. einen Oberschnitt, um das Gewerbbein des rechten Flügels aufzulösen; um nun diesen Flügel abzulösen, so thue

2. den Gegenschnitt zu diesem Gewerbbein.

3. geschiehet der Oberschnitt zum rechten Schenkel, und

4. der Unterschnitt, um ihn abzulösen.

5. 6. wird der linke Schenkel durch einen Ober- und Unterschnitt abgelöset, wie

7. 8. der linke Flügel durch einen Ober- und Unterschnitt.

9. Schneide die Halsbrust heraus.

10. 11. Mache zwey lange Spaltschnitte über die ganze rechte Brust, und

12. 13. zwey dergleichen über die linke.

14. 15. wied die rechte und linke Seite vom Ende des Bürzels bis auf die Höhe des Schenkels aufgelöset, und endlich

16. der Bürzel, und die untere spitzige Brust abgeschnitten.

Anmerkungen.

Wer die Gans in vier Viertel zertheilet, gebe Acht, daß er solche zur Zierlichkeit wohl rund ausschneide.

Diejenige Stücke nun, so durch die gemachte Spaltschnitte heraus fallen, müssen nach Anzahl der Per-

18 Trenchier-Büchlein.

Perſonen wieder zu ſo viel kleinere in die Quer zerſchnitten werden.

Die Füllen, womit etwa die Gäns gefüllet ſind, z. E. Caſtanien, Aepfel u. d. g. werden zuletzt mit einem Löffel heraus genommen.

Zerlegung einer auf italiäniſche Art zugerichteten Gans.

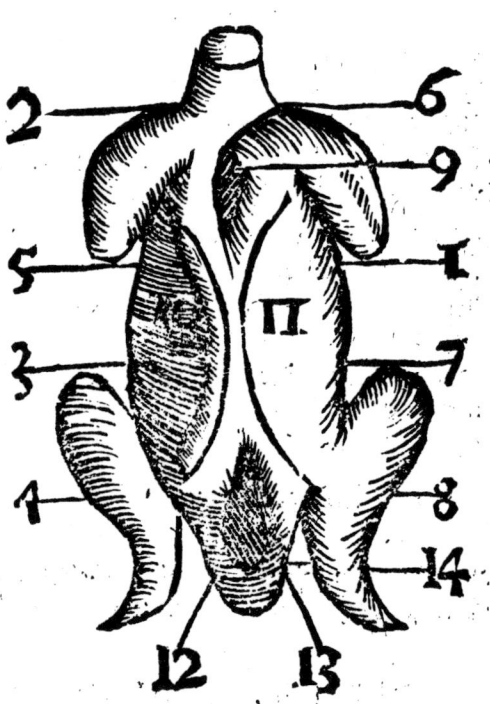

Steck-

Trenchier-Büchlein.

Stecke, wie bey der vorigen, die Gabel auf den Rucken. Die Italiäner zerschneiden eine solche Gans gleichsam spielend in der Luft, binden sich aber dabey an keine Ordnung der Schnitte.

1. mache einen Unterschnitt zum linken Flügel.
2. einen Oberschnitt am rechten Flügel.
3. einen Oberschnitt am rechten Schenkel.
4. einen Unterschnitt am rechten Schenkel.
5. einen Unterschnitt zum rechten Flügel.
6. einen Oberschnitt zum linken Flügel.
7. einen Oberschnitt zum linken Schenkel.
8. einen Unterschnitt zum linken Schenkel.
9. wird die Halsbrust ausgeschnitten.
10. 11. werden Stücke in Form eines halben Monds oder vielmehr einer Sichel aus der Mitten der recht und linken Brust ausgeschnitten.
12. 13. wird die recht und linke Seite beym Bürzel bis zu erstbemeldten Schnitten aufgelöset;
14. aber der Bürzel und die untere spitzige Brust abgeschnitten.

Anmerkung.

Eine solche auf italiänische Art zugerichtete Gans wird nicht gebraten, sondern nur in einer Casserole verdämpft.

Trenchier-Büchlein.

Trenchirung der wilden Ente.

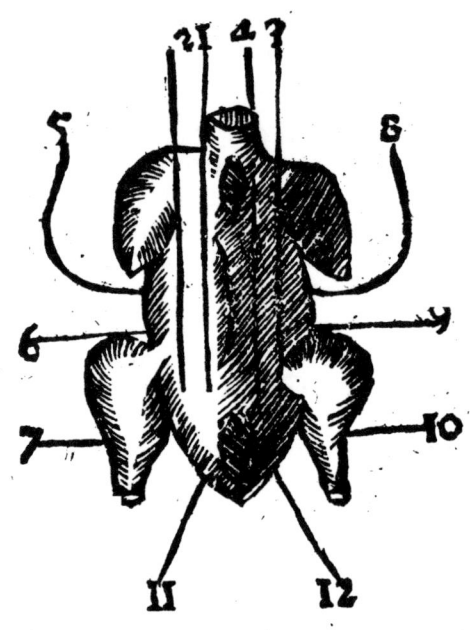

Setze die Gabel, wie bey der Gans, an; mache

1. einen Spaltschnitt längst der rechten Brust herab; und

2. noch einen Spaltschnitt neben diesem längst der rechten Brust herunter, womit aber auch zugleich das Gewerbbein des rechten Flügels aufgelöset werden muß.

3. muß ebenfalls durch einen Spaltschnitt längst der linken Brust herunter zugleich das Gewerbbein des linken Flügels gelöset werden; mache sodann

4. noch

4. noch einen Spaltschnitt längst der linken Brust-seite neben diesem herunter, wie auf der rechten Seite, und hierauf

5. einen Querschnitt in die rechte Seite, so fällt der rechte Flügel ab.

6. 7. Löse den rechten Schenkel durch einen Ober- und Unterschnitt ab.

8. mache einen Querschnitt in die linke Seite, so fällt der linke Flügel ab.

9. 10. Hierauf geschiehet der Ober- und Unterschnitt zum linken Schenkel; und endlich

11. 12. wird die rechte und linke Seite vom Bürzel an völlig aufgelöset.

Eine andere bessere Manier, die wilde Ente, (sonst auch Antvogel genannt) geschikt zu zerlegen.

Stecke die Gabel in den Rucken, und kehre solchen gegen dir, daß die rechte Seite des Antvogels in der Schüssel liegt.

1. Geschiehet der Oberschnitt in den linken Flügel, um das Gewerb- oder Schloßbein desselben zu lösen, sodann aber

2. der Gegenschnitt unter den linken Flügel, um solchen schön rund abzulösen. Löse hierauf

3. 4. durch den gewöhnlichen Ober- und Unterschnitt den linken Schenkel ab.

5. 6. wende den Antvogel, lege ihn auf die linke Seite,

Seite, und löse durch Ober- und Unterschnitt den rechten Flügel ab, wie bey den Zahlen 1. und 2.

7. 8. Löse durch Ober- und Unterschnitt den rechten Schenkel ab, wie bey den Zahlen 3. und 4.

9. Löse durch einen schrägen Schnitt die Halsbrust ab.

10. 11. Hebe das linke und rechte Achselbein aus.

12. Hierauf kanst du aus der linken Seite zwischen Flügel und Schenkel neben der Brust durch einen Spaltschnitt ein gut Seitenstücklein abnehmen.

13. Thue einen Spaltschnitt zum linken Bruststück, und nehme

14. ein Stück aus der rechten Seite, wie bey der Zahl 12.

15. Geschiehet ein Spaltschnitt zum rechten Bruststück, und

16. wird der ganze Cörper auf beeden Seiten in einem Schnitt eröfnet, und endlich

17. Das Gerippe nach der Länge in zwey Theile zerschnitten.

Zerlegung der Schnepfe.

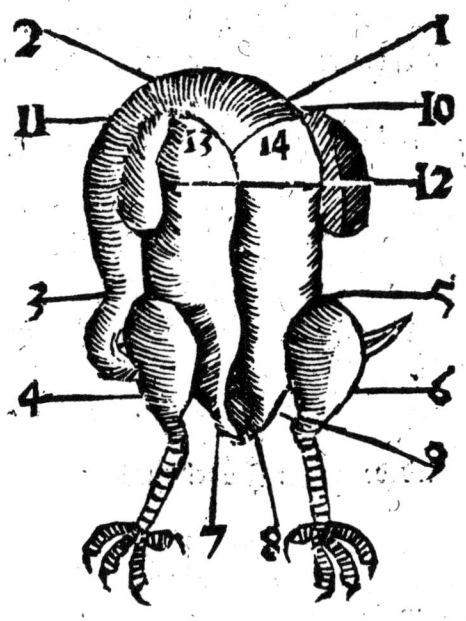

Die Gabel auf den Rucken zu stecken ist das gebräuchlichste.

1. 2. Löse den Hals von der Linken zur Rechten, und von der Rechten zur Linken in zwey Schnitten ab.

3. 4. Der rechte Schenkel wird durch Ober- und Unterschnitt abgelöset, auch

5. 6. der linke Schenkel wie der rechte.

7. 8. Thue zwey Spaltschnitte, den einen auf der rechten, den andern auf der linken Seite von unten hinauf.

9. wird

9. wird der Bürzel abgeschnitten; hierauf

10. der linke Flügel in einem Schnitt, wie

11. der rechte Flügel eben so abgelöset.

12. Geschiehet ein Querschnitt über die ganze Brust, und

13. 14. wird die recht und linke Brust aufgelökt.

Eine andere Art.

Stecke die Gabel in den Rucken.

1. 2. Löse den Hals von der Linken zur Rechten, und von der Rechten zur Linken ab.

3. 4. wird der rechte Schenkel durch Ober- und Unterschnitt abgelöset.

5. wird der rechte Flügel durch einen Schnitt abgelößt.

6. 7. solle der linke Schenkel durch Ober- und Unterschnitt abgenommen werden.

8. nimm den linken Flügel mit einem Schnitt ab.

9. nimm ein Stück aus der rechten Seite durch einen halbmondförmigen Schnitt, und mache

10. einen Querschnitt mitten über die rechte Brust, auch

11. einen Spaltschnitt von oben herunter oder unten hinauf der rechten Brust zu, so wirst du dadurch ein Ober- und Unter-Bruststück bekommen.

12. nimm ein link Seitenstück, wie bey der Zahl 9. aus der rechten Seite.

Trenchier-Büchlein.

13. mache einen Querschnitt mitten über die linke Brust, und

14. einen Spaltschnitt auf der linken Brust, wie bey der Zahl 11.

15. 16. wird die rechte und linke Seite des Cörpers völlig aufgelöset.

17. wird das Gerippp in der Mitte zertheilet; und endlich

18. der Kopf in zwey Theile von oben herunter gegen dem Schnabel zu zerspalten.

Trenchierung des Rebhuhns.

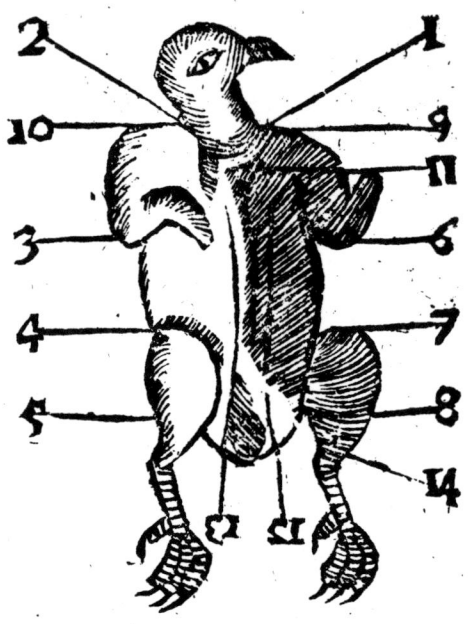

Fasse das Rebhuhn mit der Gabel, wie die Taube.

1. 2. Löse den Hals von der Linken zur Rechten, und von der Rechten zur Linken ab.

3. geschiehet der Unterschnitt zum rechten Flügel.

4. 5. aber der Ober= und Unterschnitt zum rechten Schenkel, so fort

6. der Unterschnitt zum linken Flügel, und

7. 8. der Ober= und Unterschnitt zum linken Schenkel, hierauf

9. der Oberschnitt zum linken Flügel, auch
10. der Oberschnitt zum rechten Flügel.
11. wird die obere Brust abgelößt.
12. Thue einen langen Spaltschnitt auf der rechten Seite der Brust, um nur ein Stück daraus zu bringen; auch
13. einen eben dergleichen auf der Linken, wie bey der Rechten.
14. wird der Bürzel abgeschnitten.

Verschneidung des Fasans.

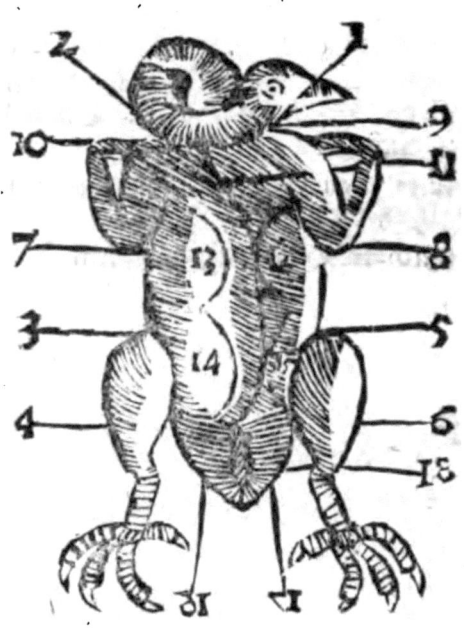

Die Gabel wird wie bey der Taube angesetzt.

1. 2. Durch die bekannte zwey Schnitte von der Linken zur Rechten, und von der Rechten zur Linken wird der Hals abgelößt.

3. 4. geschiehet der Ober = und Unterschnitt um den rechten Schenkel abzulösen; und so

5. 6. auf gleiche Weise zum linken Schenkel.

7. ist der Unterschnitt zum rechten Flügel.

8. aber der Unterschnitt des linken Flügels,

9. geschiehet der Oberschnitt zum linken Flügel, und

10. der

10. der Oberschnitt zum rechten Flügel.

11. wird die Halsbrust abgelößt.

12. 13. mache zwey halbmondförmige Schnitte auf der linken und rechten Oberbrust, und

14. 15. zwey dergleichen auf der rechten und linken Unterbrust.

16. 17. sind zwey Spaltschnitte, einer auf der rechten, und einer auf der linken Seite längst denen halbmondförmigen Schnitten hinauf; endlich und

18. wird der Bürzel abgeschnitten.

30 Trenchier-Büchlein.

Hammels- oder Schöps-Bug.

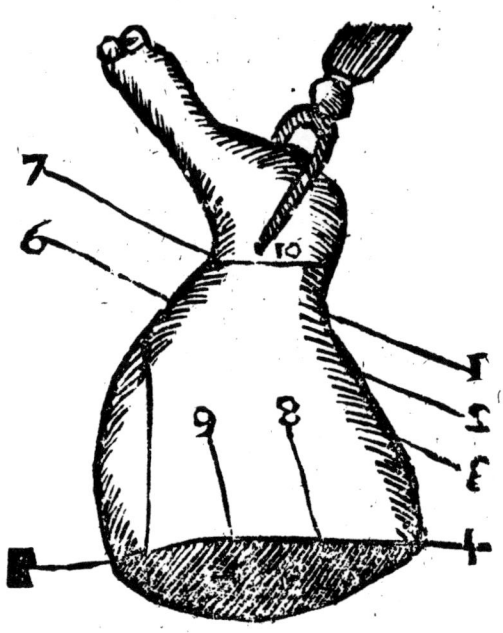

Wie die Gabel stecken soll, weiset dir die Figur.

1. 2. 3. sind drey schräge Schnitte bis auf das innwendige Bein.

4. ist ein langer Querschnitt bis in die Helfte.

5. ist ein langer Gegenschnitt zu dieser Helfte.

6. 7. sind zwey Querschnitte von der andern Seite.

8. 9. sind zwey Spaltschnitte.

10. ist der Abschnitt des Oberbeins beym Gelenk.

Kalbs- oder Hammels-Quallen,
sonsten auch Schöps-Keule genannt.

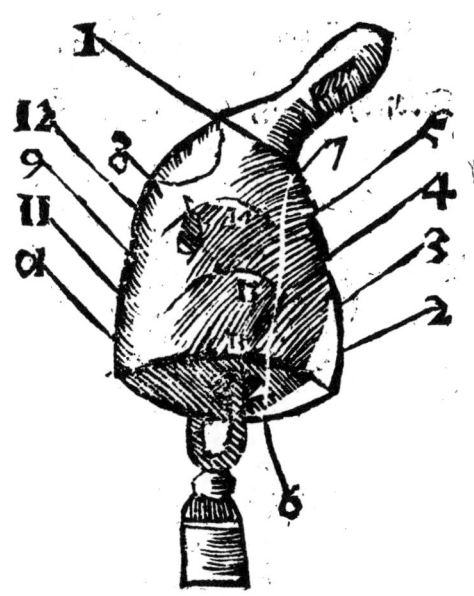

Die Figur zeiget dir an, wie die Gabel stecken soll.
1. Löse das Gelenk auf, und nehme das hintere Bein in einem Schnitt ab.

2. 3. 4. 5. Thue vier schräge Schnitt bis aufs innwendige Bein.

6. geschiehet ein Spaltschnitt von unten hinauf bis zur Helfte der vorigen vier Schnitte.

7. verrichte den Gegenschnitt von oben herunter zu den vier schrägen Schnitten.

8. mache einen halbmondförmigen Schnitt.

9. 10.

9. 10. 11. 12. sind vier schräge Schnitte von oben herunter, und

13. 14. zwey halbmondförmige Stücke auszuschneiden; leztens und

15. wird das Stück beym Schloßbein abgelöset.

Trenchierung des Hasens.

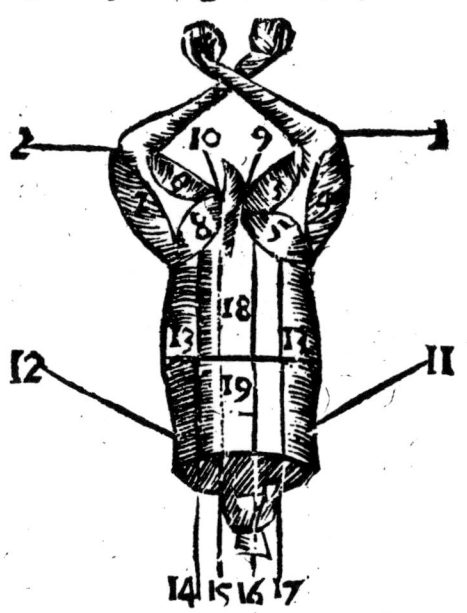

Stecke die Gabel, wie die Figur weiset, nemlich daß der eine Zink der Gabel in den Rückgrath, der andere Zink aber unter solchen gehe.

1. 2. um das linke und rechte Knie-Gelenk abzulösen, mache zwey Schnitt.

3. ist ein halbmondförmiger Schnitt zur Ablösung des innern Theils am Markbein.

4. thue einen gleichen Schnitt zu Ablösung des äußeren Theils am Markbein.

Trenchier-Büchlein.

5. geschiehet ein halbmondförmiger Schnitt am oberen Theil des Markbeins, unterhalb dem Ruckgrath der linken Seite.

6. 7. 8. mache es wie auf der rechten Seite, und unter den Zahlen 3. 4. 5. zu ersehen.

9. Thue einen langen Querschnitt, um das Stück bey der Zahl 5. herunter völlig abzulösen; und

10. einen dergleichen auf der rechten Seite bey der Zahl 8. herunter.

11. 12. Hierauf aber zwey Querschnitte, den einen auf der linken, den andern auf der rechten Seite bey dem vorderen Theil des Ruckgraths; sodann

13. einen Querschnitt auf der Mitten des Ruckgraths zu beyden Seiten.

14. 15. 16. 17. sind vier Spaltschnitte längst dem Ruckgrath von oben herunter.

18. 19. zwey Querschnitte zu beyden Seiten, wie die Figur zeiget.

Anmerkung.

Wann du nun den Hasen also zerschnitten, so lege den Cörper auf den Rucken, und nehme die Nieren heraus.

34 Trenchier-Büchlein.

Zerlegung eines wilden Schwein-Kopfs.

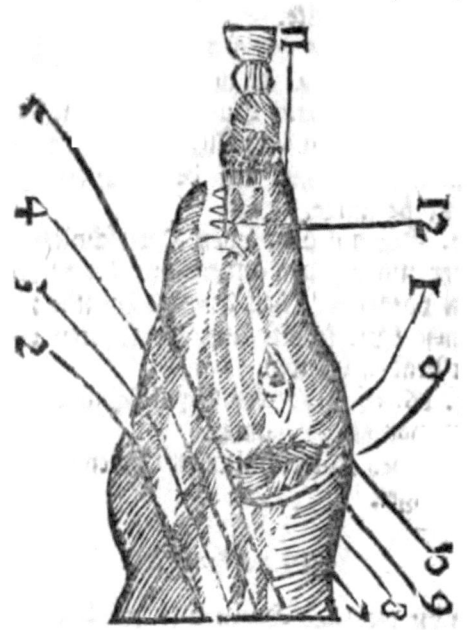

Stecke die Gabel, wie dir die Figur zeiget.
1. wird das linke Ohr in einem Schnitt abgenommen.
2. 3. 4. 5. sind vier Backenstücke von der linken Seite.
6. schneide das rechte Ohr in einem Schnitt ab.
7. 8. 9. 10. sind vier Backenstück von der rechten Seite.
11. geschiehet ein Spaltschnitt in Rüßel, und
12. ein Querschnitt zum Stück des Rüßels.

Zer-

Trenchier-Büchlein. 35

Zerlegung eines Kalbs-Kopfs.

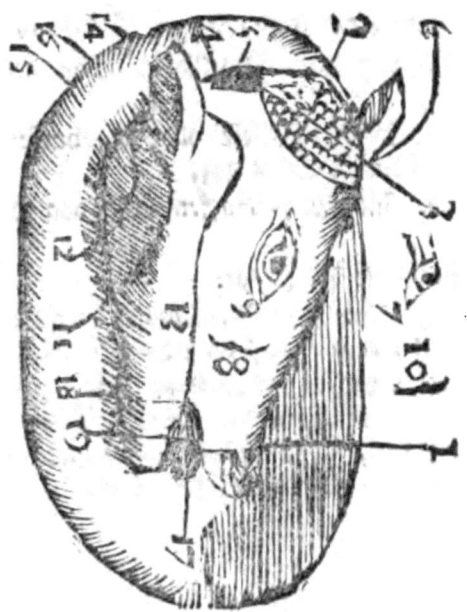

Halte den Kalbskopf mit der Gabel, weil er öfters mit der Schüssel gedrehet werden muß.

1. Nehme sogleich die Schnauze durch einen Querschnitt ab.

2. 3. ist ein Creutzschnitt auf die Hirnschale, um das Hirn mit einem Löffel heraus zu nehmen.

4. schneide das rechte Ohr ab, und

5. ein Stück am Halse unter dem rechten Ohr.

6. schneide das linke Ohr ab.

7. hebe das linke Aug aus.

8. Schnei-

36 Trenchier-Büchlein.

8. schneide des rechten Auges Fleisch ab.

9. hebe das rechte Aug aus.

10. schneide des linken Auges Fleisch ab.

11. 12. sind zwey Backenstück von der rechten Seite.

13. 14. Löse den Kiefel oder Kinnbacken auf der rechten und linken Seite auf.

15. 16. sind zwey Backenstücke von der linken Seite.

17. Zerspalte die Zunge.

18. 19. Thue zwey Querschnitte durch die zerspaltene Zunge, und so hast du sechs Stücke davon.

Obwohlen nun der Kalbskopf noch in verschiedene Stücke zerschnitten werden könnte, solche aber gar klein ausfallen, so haben wir selbige hier durch Zahlen anzuzeigen, für unnöthig erachtet.

Tren-

Trenchier-Büchlein. 37

Trenchirung des Spanferkels.

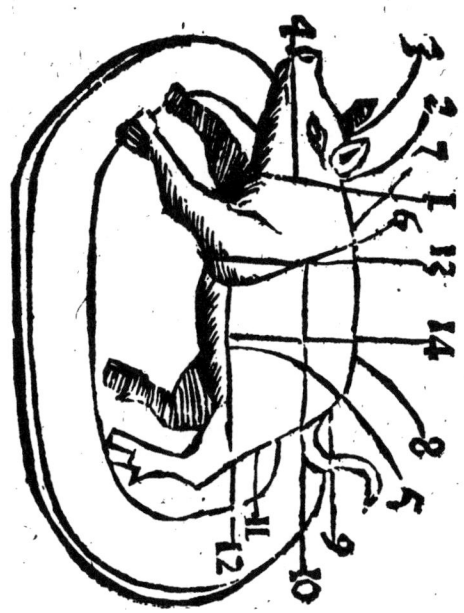

Stecke die Gabel in die Schnautze.
1. der Kopf solle in einem Hieb abfallen.
2. 3. weiset dir den Abschnitt des linken und rechten Ohres, und
4. die Auflösung der Kinnbacken auf beyden Seiten.

Stecke hierauf die Gabel vornen in den Rückgrath.

5. weiset dir den Abschnitt des linken Hinterviertels, und

6. den

6. den Abschnitt des linken Vorderviertels.

7. den Abschnitt des rechten Vorderviertels, und

8. den Abschnitt des rechten Hinterviertels.

9. 10. zeiget dir die Zerspaltung des Ruckgraths auf beeden Seiten.

11. 12. die Zerspaltung des Unterleibes auf beeden Seiten.

13. 14. die Zertheilung des Ruckgraths und Unterleibes.

Anmerkung.

Spalte den Kopf auf dem Gehirn, daß es zwey gleiche Theile gebe. Den Kiefel spalte ebenfalls in zwey gleiche Theile, und so auch die Zunge der Länge nach in zwey gleiche Theile.

Dieses sind nun die vornehmste und Hauptstücke bey der Trenchierkunst; wer diese verstehet, wird sich bey all übrigem, so etwa noch weiter vorfallen möchte, durch seine Geschicklichkeit selbst zu helfen wissen.

Sind nun die Speisen zerschnitten, so werden die Stücke nach ihrer Gleichheit in der Schüssel geleget, als wodurch mehr Appetit erwecket wird; die Tafelbediente reichen sodann solche, um nach eigenem Belieben davon nehmen zu können, denen anwesenden Gästen herum.

Endlich

Endlich und leztens geben die Tafelbediente, die zu denen Speisen gehörige und aufgetragene Soſe oder Brühe, wovon ein jeder, ſo viel ihme beliebet, zu ſich auf ſeinen Teller nimmt.